ESCALOFRÍOS:
cuentos singulares

Joseph F. Conroy

AMSCO

AMSCO SCHOOL PUBLICATIONS, INC.
315 Hudson Street, New York, N.Y. 10013

Dedicatoria

A mi mujer y mis hijas que escucharon muchas veces estos cuentos antes de verlos escritos, y a mis estudiantes norteamericanos para quienes he creado este libro, a todos ellos les dedico mi obra.

Cover and text design by A Good Thing, Inc.
Illustrations by Edward Malsberg.
Composition by A Good Thing, Inc.

Please visit our Web site at: *www. amscopub.com*

When ordering this book, please specify *either* **R 025 P** *or Escalofríos: cuentos singulares*

ISBN 978-1-56765-808-8
NYC Item 56765-808-7

Printed in the United States of America
1 2 3 4 5 6 7 8 9 10   11 10 09 08 07 06

Prefacio

*O*dd beetles from space, strange birthday presents, a Saturday romp through time, werewolves, vampires, monsters lurking in the subway: these and other surprises await the unsuspecting reader in the following stories. These original tales reflect the popular kinds of fantasy fiction which many young Americans enjoy but do not often find in textbooks. Despite the fun in store for the student, this is a textbook. It has serious purposes: to assist students in becoming more comfortable and more competent in reading and understanding Spanish; to provide them with opportunities to *communicate* their own ideas in Spanish; and to help them build a more substantial vocabulary.

ESCALOFRÍOS is a reader intended for students who have completed a basic course in Spanish. The six stories in this book have been broken down into short reading sections to facilitate understanding. Each section is preceded by a *Breve Lista de Vocabulario* which introduces students to unfamiliar Spanish words defined in Spanish. After each reading section, comprehension exercises offer readers a chance to test their understanding by answering questions about the text, finding synonyms, antonyms and examples for various vocabulary items. Communication exercises allow them to express their own opinions about the story and about topics related to the story. At the end of the book there is the Spanish-English *Gran Lista de Vocabulario* which contains most of the Spanish words in the text, including various forms of irregular verbs.

The sections called *Aventuras en Internet* are a new feature of the reader. These represent the results of many hours of browsing through Spanish-language web sites and offer suggestions to help the students use the Internet as another resource in their study of Spanish.

Beyond these purposes and objectives, this reader is offered in the hope that the student will come to appreciate the possibilities of reading stories in another language, new lands which their work in Spanish will open for them.

Bueno, ¡buen viaje y... ánimo!

Joseph F. Conroy

Cuentos

El escarabajo

Introducción

No todos los animales fantásticos son enormes. Nuestro primer cuento nos presenta una bestia mucho más pequeña que los monstruos del cine. Sin embargo es una bestia mucho más espantosa, como vamos a ver.

El diccionario nos dice que hay más que un millón de especies insectiles en nuestro planeta. Estos animales viven por todas partes: en la selva, el bosque, el desierto, y la ciudad también. Los insectos gastan una energía mínima, trabajan mucho, y se resisten a todos los ataques del hombre. Los científicos descubren una nueva especie de insectos casi cada día. Ahora vamos a descubrir una especie de insectos no como los otros. Una especie conducida por mando a distancia a través de años luz. Mire...

ACTIVIDADES DE LA INTRODUCCIÓN

Breve Lista de Vocabulario

un año luz	—la distancia recorrida por la luz en un año: 9 461 000 000 000 kilómetros (nueve billones, cuatrocientos sesenta y uno mil millones de kilómetros)
una especie	—una clase de animal

ACTIVIDADES

A. *Aquí tenemos preguntas para usted:*

1. ¿Dónde se encuentran las especies de insectos?
2. ¿Cuáles son las ventajas que tienen los insectos?
3. ¿Cuántas especies de insectos encontramos en la tierra?

B. *¡Le toca a usted de pensar!*

1. Busque los nombres de algunos insectos en español.
2. ¿Cuáles son las partes del cuerpo de los insectos?
3. Dé ejemplos de aparatos que son conducidos por mando a distancia.

La Primera Parte

Breve Lista de Vocabulario

un bichito	—un pequeño animal, un insecto
una hormiga	—un insecto común que visita las comidas campestres
un hormiguero	—una colonia de hormigas

A Noemí, de dieciséis años, le gustan mucho los insectos. Colecciona estos bichitos. Noemí vive con sus padres en un apartamento de Veracruz, una ciudad muy hermosa a lo largo del golfo de México. La ciudad está en el estado de Veracruz en México y fue el puerto principal donde llegaron los españoles. El apartamento está cerca del Baluarte de Santiago, famosa fortificación de la ciudad.

La familia no tiene ni perro ni gato, pero Noemí tiene algunos insectos. En su cuarto hay diez pequeños terrarios. Tiene un terrario para las hormigas—un hormiguero. Las hormigas están siempre trabajando. Tiene otro terrario que contiene escarabajos y plantas.

Noemí espera las vacaciones de verano con impaciencia. Va a pasar un mes entero en el campo. En la ciudad de Veracruz, los insectos no son tan variados, pero en el campo, ¡caramba!, la variedad de insectos es asombrosa. Por supuesto que Noemí va a poder añadir algunos a su colección.

Hoy Noemí está en su cuarto con su amiga Julia. Las dos muchachas hablan sobre sus planes para el fin de semana. A Julia no le gustan los insectos. No está tranquila en el cuarto con todos los terrarios.

—Geraldo da una fiesta este sábado por la noche, le dice Noemí a su amiga.

—Sí, lo sé, pero a mí no me gustan mucho los amigos de Geraldo, responde Julia. Mira a Noemí que está cerca de la ventana. Un movimiento detrás de Noemí llama su atención.

—Bueno, ¿quieres ir al cine? pregunta Noemí.

—Noemí, mira detrás de ti. ¿Cuál es ese insecto que está en la ventana?

Noemí mira inmediatamente. Ve una especie de escarabajo negro que vuela lentamente de un lado para otro por delante de la ventana. Es un insecto bastante grande de un color negro brillante.

ACTIVIDADES DE LA PRIMERA PARTE

A. *No hay sorpresas hasta ahora en nuestro cuento. Sin embargo hay preguntas.*

1. ¿Cúantos años tiene Noemí?
2. ¿Qué colecciona Noemí?
3. ¿Dónde viven Noemí y su familia?
4. ¿Qué animales tiene Noemí en su cuarto?
5. ¿Por qué espera Noemí con impaciencia las vacaciones de verano?
6. ¿Quién es Julia? ¿Por qué está ahora con Noemí?
7. ¿Qué piensa Julia de la colección de Noemí?
8. ¿Por qué Julia no quiere ir a la fiesta de Geraldo?
9. ¿Qué ve Julia cerca de la ventana?
10. ¿Cómo es este insecto?

B. *Juego de vocabulario*

1. ¿Cómo se dice *con impaciencia* en otras palabras?
2. Busque los sinónimos de:
   Yo detesto
   Ella mira *sin esperar*
3. ¿Cuál es el contrario de *en la ciudad*?

C. El mundo de los ejemplos

1. Busque unos ejemplos de desiertos.
2. Piense en ejemplos de colecciones que la gente hace.
3. ¿Colecciona usted algo? ¿Piensa usted coleccionar algo?
4. ¿Cuáles son sus aficiones?
5. Piense en sus planes para el fin de semana.

La Segunda Parte

Breve Lista de Vocabulario

un colega	—un compañero en un trabajo
un zumbido	—un ruido de los insectos
un recipiente	—un tipo de caja, saco, botella, etc., para meter cualquier cosa

En el centro de operaciones llega un mensaje de la unidad SR-401: el vuelo continúa sin ninguna variedad. Este mensaje llega desde cada unidad cada tres minutos. El Director está contento. Sus exploradores hacen un buen trabajo. Sus colegas en los otros centros están también avanzados. Los habitantes del planeta no saben nada sobre estas unidades de exploración.

—Dame esa red, dice Noemí.

—¿Dónde está? No la veo.

Noemí toma la red por sí misma. Entonces abre lentamente la ventana y atrapa el insecto de un golpe. El insecto hace un zumbido vivo. Detrás de Noemí, Julia tiene una caja de cartón.

—¡Uf! ¡Pesa mucho este escarabajo! dice Noemí. Luego pone el insecto en la caja. El zumbido vivo es ahora más fuerte.

—¿Qué hace el escarabajo? pregunta Julia. Ella ve que la caja hace ahora muchos pequeños movimientos debido al insecto.

—Sobre eso, no sé nada. ¡No veo nada! Dame ese recipiente de plástico, por favor.

El Director, que dirige el centro de operaciones, está delante del ordenador. Controla el curso de las unidades de exploración. Un mensaje interrumpe su trabajo.

La unidad SR-401 tiene problemas. Está detenida por un habitante. ¿Qué puede ser?

El Director avisa al equipo de seguridad. ¿Quién sabe lo que está pasando? El Director envía un mensaje simple a la unidad SR-401: **Escápate.**

ACTIVIDADES DE LA SEGUNDA PARTE

A. *¡Ay! ¡Qué insecto tan raro! Sin embargo, estas preguntas no son insólitas!*

1. ¿Cómo atrapa Noemí el escarabajo?
2. ¿Cuál es la reacción del escarabajo?
3. ¿En qué se diferencia este escarabajo de los otros?
4. ¿Por qué Noemí quiere poner el escarabajo en un recipiente de plástico?
5. ¿Cuál es el mensaje enviado por la unidad SR-401 cada tres minutos al centro de operaciones?
6. ¿Cómo el Director dirige el centro de operaciones?
7. ¿Cuál es el trabajo del centro de operaciones?
8. ¿Qué mensaje envía la unidad?
9. ¿A quién avisa el Director?
10. ¿Cuál es el mensaje que envía el Director a la unidad SR-401?

B. *Juegos de vocabulario*

1. Busque el *contrario* y el *sinónimo* de *contento*.
2. Busque el *contrario* de:
    no pesa nada
    cerrar

C. *Bueno, ¿Qué dice usted?*

1. Sugiera otros mensajes que recibe el Director.
2. ¿Cómo se atrapan los insectos? Sugiera algunas maneras.

La Tercera Parte

Breve Lista de Vocabulario

un tarro	—un recipiente de vidrio con abertura ancha y con cuello muy estrecho
de cerca	—de una pequeña distancia
derretirse	—la nieve *se derrite* cuando hace calor; su contrario es *helarse*
una lupa	—una lente de vidrio que hace más grande un objeto

Julia busca la caja de plástico. Oye un ¡*zot!* Entonces, oye gritar a Noemí.

—¡Qué barbaridad!

—¿Qué pasa?

—¡Mira!

Ahora hay un agujero redondo en la caja de cartón. Y el escarabajo empieza a salir de la caja. Noemí tiene la red y toma otra vez el escarabajo.

—Voy a poner este bichito en el recipiente de plástico, dice Noemí.

Con un ¡*tum!* pesado, el escarabajo cae al fondo del recipiente. Allí, el insecto queda sin moverse. Su zumbido se interrumpe también.

—¡Mira en esta caja! dice Noemí. ¿No ves el agujero redondo? ¡Lo ha hecho este escarabajo! Y no sólo es redondo el agujero, ¡es *perfectamente* redondo!

—¿Te sorprende eso, Noemí?

—Creo que sí, Julia. Creo que sí.

Entonces el zumbido empieza otra vez y el escarabajo choca contra una de las paredes del recipiente. Dos antenas rojas se ven ahora en la cabeza del insecto. Una luz amarilla aparece en forma de círculo al lado del recipiente. Una parte del plástico empieza a derretirse.

Aparece otro agujero redondo. El escarabajo sale despacio del recipiente por este agujero.

—¡Mira, Julia! ¡El escarabajo se escapa otra vez! Dame aquel tarro sobre el escritorio.

El tarro es de vidrio y su tapa es de metal. Noemí toma el escarabajo con la red. *¡Tum!* El insecto cae hasta el fondo del tarro.

—**¡Infórmanos, la unidad SR-401!** Eso es el próximo mensaje enviado por el Director. La repuesta viene sin esperar: la unidad en dificultad no está todavía en libertad. El Director va a esperar quince minutos más. El equipo de seguridad está listo. Pero, al Director no le gusta tener prisa en estas cosas.

Noemí toma su lupa. Mira al escarabajo de cerca.

—Hm, dice Noemí. Eso es muy extraño.

—¿Qué, Noemí? ¿Qué es extraño?

—Los ojos de este escarabajo no se parecen a los ojos de otros escarabajos. Sus ojos se parecen a las lentes de una cámara. Y estas antenas rojas tienen ramas extrañas.

—¡Descubres pues una nueva especie de escarabajo, Noemí! dice Julia, llena de contento por su amiga.

Una especie rarísima, piensa Noemí. *Pero es realmente un escarabajo?* Empieza a dudar.

ACTIVIDADES DE LA TERCERA PARTE

A. *No es fácil atrapar a este escarabajo! Pero, ¿es fácil contestar a estas preguntas? ¡Claro que sí!*

   1. ¿Cómo sale el escarabajo de la caja de cartón?
   2. ¿Cómo es el agujero de la caja? ¿Es algo normal?
   3. ¿Dónde pone Noemí el escarabajo?
   4. ¿De qué color son las antenas del insecto?
   5. ¿Qué aparece al lado del recipiente plástico?
   6. ¿Entonces, dónde pone Noemí el escarabajo?
   7. ¿Cuánto tiempo el Director va a esperar para ver si la unidad se escapa?
   8. ¿Cómo Noemí examina al insecto?
   9. ¿Qué hay de extraño con respecto a los ojos del escarabajo?
   10. ¿Cómo reacciona Julia?
   11. ¿Y cómo reacciona Noemí?

B. *Juego de vocabulario*

    1. Busque la palabra
       de forma redonda
       instrumento para atrapar insectos (mariposas, etc.)
       inmediatemente

    2. Busque el contrario de
       extraño
       en la cárcel
       de lejos
       estar seguro

C. *¿VERDADERO o FALSO? Pues, si no es verdadero, según el cuento, haga la corrección.*

    1. El tarro es de cartón.
    2. La caja es de vidrio.
    3. El agujero es absolutamente rectangular.
    4. El escarabajo tiene dos antenas amarillas.
    5. El escarabajo tiene los ojos como los de otros insectos.

D. *En la red - ¡Un Juego!* Usted va a dibujar algunos insectos y una red. Escoja una palabra de la tercera parte. Busque a un adversario. Escriba un espacio en blanco para cada letra de su palabra. Su adversario va a adivinar una letra. Si la adivina, llene el espacio. Si no la adivina, ponga un insecto en la red. Usted gana el juego cuando todos los insectos están atrapados en la red. Su adversario gana cuando todas las letras están adivinadas. Los insectos que aparecen en este juego son:

una cucaracha	una mariposa	una mariquita
un saltamontes	un comején	una mosca
una hormiga	un grillo	
una cigarra	una abeja	

E. *Bueno, ¿Qué dice usted?*

    1. Haga una lista de *recipientes*. ¿Qué se pone en cada recipiente? Dé algunos ejemplos.
    2. ¿Qué cosas *se derriten*? ¿En qué temperatura (en grados centígrados, por supuesto)?
    3. Haga un dibujo de un insecto mecánico.

La Cuarta Parte

Breve Lista de Vocabulario

cientos de	—muchos cientos
miles de	—muchos miles
pesadamente	—despacio y con dificultad

Noemí no tiene tiempo para observar otra cosa. El escarabajo empieza a hacer un zumbido y una parte del tarro se calienta.

—¡Ay! dice Noemí. ¡Me duelen los dedos!

Pone el tarro en su escritorio. Sin embargo, el escarabajo no logra salir. La luz amarilla desaparece. El insecto se acerca a un lado del tarro. Uno de sus miembros sale de su cabeza y toca uno de los lados del tarro. El insecto hace un chirrido muy vivo y con uno de sus miembros inscribe un círculo en el tarro. Un pedazo de vidrio redondo hace un tintineo al caer sobre el escritorio. Ahora hay un agujero en un lado del tarro. El escarabajo sale súbito del tarro y empieza a volar pesadamente.

—**¡La unidad SR-401 se escapó!** *Este mensaje interrumpe al Director. Él está comunicándose con todos los otros centros del planeta. La exploración avanza según los planes. El Director prepara unos informes muy importantes para los dirigentes, que son los científicos lejanos de unos cientos de años-luz.*

—**Bueno**, *piensa el Director,* **a mí no me gusta cuando debo emplear la violencia.**

—¡No hagas daño a este escarabajo! grita Noemí. Julia tiene un periódico arrollado en cilindro y lo quiere golpear.

El escarabajo vuela por todos los lados del cuarto. Noemí corre para cerrar la ventana, pero el insecto es muy rápido. El insecto sale por la ventana haciendo zigzag.

El apartamento de Noemí está en el tercer piso del edificio. El escarabajo sube hacia el cielo. Desaparece por encima del techo del edificio de enfrente.

—¡Caramba! dice Noemí al mirar por la ventana. Perdí un insecto muy interesante. ¡Qué bichito tan extraño!

—¡Qué lástima! dice Julia. Pero, a mí no me gustan los insectos.

—Es un insecto muy raro, dice Noemí, pensando. Hay algo en él que me parece misterioso.

—Oh, ¡déjalo, Noemí!

Las dos chicas no entienden la importancia de este escarabajo, *SR-401*. Van a la cocina y buscan algo de comer.

La unidad SR-401 vuela por encima de Veracruz. Ésta va en seguida hacia el centro de operaciones.

A lo largo del Paseo de Malecón, hay palmeras muy hermosas. Al lado de una cierta palmera hay una piedra muy grande. Todos los días, la gente pasa por delante de esta piedra y no ve nada. Sin embargo, hay un agujero debajo de la piedra que desciende por la tierra. Es un pequeño túnel de acceso, y al final del túnel, se encuentra el centro de operaciones. Allí miles de unidades trabajan en los planes de exploración de la tierra.

Estas unidades son pequeños aparatos de reconocimiento y son enviados a través del espacio con el fin de explorar otros planetas. Para los dirigentes extraterrestres, esto es mucho más barato que si tuvieran que viajar ellos mismos.

Como dice Noemí, ¡Qué insectos tan extraños!

ACTIVIDADES DE LA CUARTA PARTE

A. *Aquí tiene usted las respuestas. ¿Cuáles son las preguntas? Escoja la respuesta adecuada para cada pregunta.*

   1. *Está caliente.*
   2. *Un pedazo de vidrio.*
   3. *Para los Dirigentes.*
   4. *Por todos lados del cuarto.*
   5. *Por la ventana.*
   6. *En el tercer piso.*
   7. *Una piedra muy grande.*

8. *Al final del túnel abajo de la gran piedra en el parque.*
    a. ¿Dónde está el centro de operaciones de los extraterrestres?
    b. ¿Qué hay cerca de un árbol en el parque del Mar?
    c. ¿En qué piso está el apartamento de Noemí y su familia?
    d. ¿Para quiénes el Director prepara los informes?
    e. ¿Hacia dónde vuela el insecto cuando sale del tarro?
    f. ¿Qué cosa cae del tarro?
    g. ¿Cómo sale el insecto del cuarto de Noemí?
    h. ¿Cómo queda el tarro después de que el insecto se escapa?

B. *¡Cuidado! ¡Hay insectos verdaderos e insectos falsos! Sin embargo, estas preguntas son todas verdaderas.*
    1. ¿Por qué pone Noemí el tarro en su escritorio?
    2. ¿Hace la luz amarilla un agujero en el tarro?
    3. ¿Qué aparece debajo de la cabeza del escarabajo?
    4. ¿Cómo vuela el escarabajo?
    5. ¿Está contento el Director con el mensaje? ¿Por qué?
    6. ¿Por qué tiene Julia un periódico rollado en cilindro?
    7. ¿Vuelve a atrapar el insecto Noemí?
    8. ¿Está triste Noemí porque perdió el insecto? ¿Y qué dice Julia?
    9 ¿Quiénes son los dirigentes? ¿Dónde viven?
    10. ¿Dónde está el centro de operaciones?
    11. ¿Por qué llegaron las *unidades* a la tierra?

C. *De esta selección de respuestas, escoja la más adecuada para completar las frases siguientes.*
    1. Cuando tiene dificultad, el escarabajo empieza a ____.
       a. cantar   c. gritar
       b. zumbar   d. llorar
    2. Debajo de la cabeza del escarabajo aparece un tipo de ____.
       a. tentáculo   c. pierna
       b. nariz   d. brazo
    3. La exploración de nuestra tierra avanza ____.
       a. según los planes   c. muy despacio
       b. con gran dificultad   d. con muchos zumbidos

4. Julia quiere golpear el insecto con _____.

    a. una red   c. un periódico

    b. su pie   d. un tarro

5. Debajo de la gran piedra en el Parque del Mar hay _____.

    a. un árbol   c. mucho dinero

    b. un agujero   d. una puerta

D. *Lea los nombres de algunos ruidos. Dé ejemplos de objetos o de animales que hacen estos ruidos.*

1. un chirrido   2. un zumbido

E. *Bueno, ¿Qué dice usted?*

1. Usted descubre un insecto extraño. Cuente esta aventura y dé una buena descripción del insecto.

2. Imagínese otra manera de explorar la tierra con un aparato a mandado a distancia. ¿Cuáles son las ventajas de un aparato muy pequeño o de un aparato más grande?

3. Para hablar de la distancia de las estrellas, contamos los *años luz*. Busque la distancia de alguna estrella, y después indique los años luz.

4. ¿A usted le gustan las matemáticas? Bueno, ¿cuál es la distancia—en kilómetros—de una estrella de cuatro años luz de la tierra? ¿Y de cien años luz? (¡Ojo! La distancia de un año luz es $9,461 \times 10^{12}$ km.)

Aventuras en Internet

1. *los insectos:*
http://cariari.ucr.ac.cr/~insectos/Grupos/veci.htm

2. *los escarabajos:*
http://www.tierramerica.net/global/conectate0401.shtml

3. *el espacio:*
http://www.astromia.com/

4. *los mandos a distancia:*
http://www.softworld.es/mandos_a_distancia/

5. *alguna información sobre Veracruz:*
http://www.opciones.cubaweb.cu/elasociado/septiembre-2004/html/veracruz.htm (ínformes sobre el estado)

✳ ✳ ✳

¡Bueno! ¡Volvamos a la tierra! El cuento siguiente no tiene ni monstruos ni extraterrestres. Sin embargo, tiene un gorila...

¡Un gorila para tu cumpleaños!

La Primera Parte

Breve Lista de Vocabulario

un cumpleaños	—el aniversario del nacimiento
un pastor alemán	—gran perro de protección, como el perro de la policía
una raza	—uno de los muchos tipos de perros: *pastor alemán, perro de aguas, perro cobrador, etc.*
un perro salchicha	—un perro bajo y largo como una salchicha

¡Hola! Me llamo Tomás. Hoy es mi cumpleaños. Tengo trece años. Y para mi cumpleaños quiero un perro. No me importa la raza del perro.

Vivo en San Juan con mamá y papá. Tenemos un apartamento en la calle Del Sol, cerca del Fuerte de San Cristóbal. Porque vivimos en un apartamento, no podemos tener un perro. Es lo que siempre dice Mamá.

—Ya tienes estos cuatro pequeños bichos terribles, Tomás! dice Mamá cuando le pido un perro por centésima vez.

Mamá tiene razón, lo sé. Tengo tres ratones y un conejillo de Indias. Sin embargo, estos ratones y el conejillo de Indias no valen como un perro.

—Y además, tienes que recordar, Tomás, que vivimos en este apartamento, pues no podemos..., empieza una vez más Papá.

Eso no es verdad. Mi amigo Rafael tiene un perro, un pastor alemán enorme, y él también vive en un apartamento. La verdad es que a Papá no le gustan los perros. En cuanto a Mamá, ella dice siempre que los perros le dan dolor de cabeza. ¡Qué bravos son mis papás! Yo, por el contrario, adoro los perros: los pequeños, los grandes, los largos, los gordos—¡cualquier perro!

Toda la familia va a llegar hoy por la tarde para celebrar mi cumpleaños. Todos van a ofrecerme regalos. Y uno de estos regalos es quizá un perro. ¿Quién sabe?

Cuando hablo por teléfono con tía Gabriela, o con tía Dorotea, o con mi tío Ernesto, les digo cada vez que quiero un perro. Sin embargo, como respuesta, ríen y dicen: *quizá, quizá.*

Pido a Papá que me dé un perro, un perro oscuro o blanco, joven o viejo, o incluso un pequeño perro salchicha. Por fin, Papá dice que Mamá y él tienen una sorpresa para mí, ¡un regalo estupendo!

Pregunto a Papá si es un perro. Pero Papá me dice que Mamá necesita mi ayuda para preparar la fiesta en el comedor. Papá me envía siempre a Mamá cuando no quiere contestar mis preguntas.

En el comedor, Mamá pone los platos y las tazas en la mesa para la familia.

—¿Papá me ofrece un perro como regalo de cumpleaños? pregunto a mi madre.

Pero Mamá no dice nada. Detesta mis ratones y mi conejillo de Indias. Detesta los gatos también. Claro que a Mamá no va a gustarle un perro tampoco. Si mi regalo de cumpleaños es un perro, mi madre se va a enojar con Papá.

ACTIVIDADES DE LA PRIMERA PARTE

A. *¡Inventemos algunas preguntas! Aquí tenemos respuestas. ¿Puede inventar la pregunta para cada respuesta?*

1. Viven en la Calle del Sol.
2. Tiene cuatro bichos.
3. No le gustan los perros.
4. Tiene un perro enorme.
5. Va a llegar por la tarde.
6. Van a ofrecerle regalos.
7. Mamá pone los platos en la mesa del comedor.

B. *El mundo de los ejemplos*

1. Un *aniversario* es una celebración anual. Busque algunos ejemplos de aniversarios.
2. Busque ejemplos de *razas* de perro, y de razas de gato.

3. Hay buenas y malas sorpresas. Busque ejemplos de sorpresas.

4. Tomás ayuda a su madre a poner los cubiertos. Bueno, ¿qué pone Tomás sobre la mesa?

C. *Bueno, ¿Qué dice usted?*

1. ¿Cuál es la fecha de su cumpleaños? ¿Cómo celebra usted el aniversario? ¿ A quiénes invita usted?

2. Imagínese algunos regalos de cumpleaños estupendos, y algunos no tan agradables.

La Segunda Parte

Breve Lista de Vocabulario

la nevera	—el frigorífico, el refrigerador
tontísimo	—muy, muy tonto
raro	—extraño, excéntrico
sonrío *apáticamente*	—sonrío *sin emoción, un poco aburrido*

¡Llaman a la puerta! ¡Es la hora de la fiesta! Voy a abrir la puerta. Aquí están tía Gabriela y tío Marco. ¡Mira! ¡Tienen un gran regalo!

Llaman otra vez. Aquí están tía Dorotea y tío Ernesto. Y mis primos Jorge y Enrique también. Bueno, *un* regalo de mis tíos, *dos* pequeños regalos de mis primos, y el gran regalo: tengo cuatro regalos.

—¡Buenas tardes! dice Mamá, saliendo de la cocina. ¡Vengan a comer, todos!

Todos van hacia el comedor y se sientan a la gran mesa. Yo me quedo en el cuarto de estar—el *salón*, como lo dice tío Ernesto. Eso es la costumbre de nuestra familia. Toda la gente se sienta a la mesa, y luego me llaman para que vaya.

—¡Tomás! grita Mamá. ¡Ven a ver!

Corro hasta el comedor. En la mesa hay un gran pastel de cumpleaños. Digo,—¡Oh! ¡Qué pastel tan enorme!

Hay todos los regalos también. Están en la mesa pequeña. Por supuesto, un perro no se pone en una mesa. ¿Pues, dónde está? Miro al piso debajo de la mesa. No, no está por allí. Empiezo a mirar debajo de las sillas.

—¿Qué haces por aquí, Tomás? pregunta Papá.

¡Ah! ¡Es verdad! ¡El perro va estar en la cocina! Corro hasta la cocina, pero no hay un perro por allí tampoco. ¡Caramba!

—Abre tus regalos, Tomás, me dice Mamá cuando regreso al comedor.

Todo el mundo aplaude. Entonces, empiezo a abrir los regalos. El primero es un... un *diccionario* español-inglés. Luego, hay una camisa muy fea, roja y azul. Y también un bolígrafo. Con el bolígrafo, hay un cuaderno de cuadrículas.

—Eso es para tus composiciones en la escuela, dice tía Gabriela.

El último regalo es una corbata con pájaros gordos. Sonrío apáticamente a mis parientes.

—Y te damos también este regalo, Tomás, dice Mamá. Me da una caja.

Es una raqueta de tenis. Un regalo estupendo, pero no es un perro. ¡Qué tontería! ¡Qué regalos tan tontos!

—¡Ah, Dios mío! ¡Qué tonto soy! dice Papá. Hay todavía otro regalo para ti. Este regalo está en nuestro cuarto de dormir.

Sin esperar, corro al cuarto de mis padres. Allí, hay una caja grande como la mochila que llevo a la escuela. Si hay un perro en esta mochila, no creo que sea muy grande.

Papá está detrás de mi y lleva la caja al comedor.

—Abre tu regalo delante de toda la familia, Tomás, dice Mamá.

Yo tomo un cuchillo, corto la cinta, rompo el papel de embalaje, y abro la caja. Y descubro... una *cámara*. ¿Una cámara? ¿Por qué? ¿Dónde está mi perro?

—Saca una foto de nosotros, Tomás, dice tío Ernesto.

¡Qué barbaridad! Voy a sacar fotos del interior de la nevera. Voy a sacar fotos de debajo de mi cama. ¡Qué regalo tan tontísimo! ¡Mis padres son completamente idiotas!

Abro la boca para decir muchas cosas desagradables. Y, en este momento, llaman otra vez a la puerta. Mamá va a abrir.

¡Ah! Es mi tío Horacio. Es riquísimo y un poco raro. Me lleva siempre sorpresas.

—Mi pequeño sobrino Tomás, ¡feliz cumpleaños! dice desde el pasillo. Tío Horacio no entra en el apartamento.

—Gracias, tío mío.

—Yo también, te llevo un pequeño regalo para ti. Está aquí en el pasillo. Ven para ver.

Y tío Horacio se pone a reír. Todos ríen también porque tío Horacio es muy rico.

ACTIVIDADES DE LA SEGUNDA PARTE

A. *Aquí tenemos otra vez respuestas. ¿Cuál es la pregunta para cada respuesta?*

1. Llevan un gran regalo.
2. Van al comedor.
3. Mira debajo de la mesa.
4. Es un diccionario.
5. Es una cámara.
6. Son tontísimos.
7. Es rico y un poco raro.
8. Está en el pasillo.

B. *¿Es VERDADERO o FALSO? Corrija las falsas. Cámbielas a verdaderas.*

1. Dorotea y Ernesto no tienen niños.
2. Hay una mesa grande en el comedor.
3. El pastel de cumpleaños es pequeño.
4. Hay un perro en la cocina.
5. A Tomás le gustan sus regalos.
6. Tío Horacio llama a la puerta.
7. Tío Horacio no entra en el apartamento.
8. El regalo de tío Horacio está en el cuarto de dormir.

C. *Regalos sorpresa — ¡Un Juego!* Usted va a abrir unos regalos sorpresa. Dibuje diez regalos. Escoja una palabra de la segunda parte. Dibuje una caja para cada letra de su palabra. Busque a un adversario. Su adversario va a adivinar una letra. Si él/ella adivina la letra, escriba la letra en el regalo. Si no la adivina, ponga un regalo en el cubo de la basura. Usted gana el juego cuando todos los regalos están en el cubo. Su adversario gana cuando adivina todas las letras.

D. *El mundo de los ejemplos*

1. Haga una lista de parientes: todos los miembros de una familia, *el tío, la tía*, etc.
2. ¿Cuáles son las habitaciones—los cuartos—diferentes de un apartamento, de una casa?
3. Tomás recibe una *raqueta de tenis* como regalo. ¿Cuáles son otros deportes que se practican con raqueta?
4. Tomás no está contento con la cámara. Va a sacar fotos tontas. Dé ejemplos de estas fotos.

E. Bueno, ¿Qué dice usted?

1. Haga una lista de cinco o seis personas que usted conoce.
   Busque el regalo perfecto para cada persona..
2. Mire otra vez su lista y ahora busque el regalo más desagradable
   para cada persona.

La Tercera Parte

Breve Lista de Vocabulario

el fin del mes	—los días 29, 30 o 31 de un mes
una suma *impresionante*	—una suma muy *grande*
¡cállate!	—¡silencio!, ¡no digas nada!
juegos	—en este cuento, lo que hace un buen perro: se sienta, ofrece la pata, etc.

Por supuesto, voy al pasillo para ver mi regalo. Y veo... *a un gorila*!
Sí, eso es la verdad.Un pequeño gorila está sentado en el pasillo. Digo
<<pequeño>>, pero es tan grande como yo. Es pequeño para ser un
gorila.

Hmm. Ahora veo un problema de cortesía. ¿Qué decirle? ¿Se da la
mano a un gorila?

Digo: —¡Buenas tardes!

El gorila no dice nada.

—Entra en nuestro apartamento, digo. Tenemos un gran pastel.

El gorila pone su mano encima de la mía como un niño y entramos
juntos.

Tío Ernesto dice: —*¡Qué barbaridad!* y se cae en el piso. Tía Gabriela
corre hacia la puerta del balcón. En cuanto a Mamá, ella corre hacia la
cocina y cierra la puerta. Tío Marco y tía Dorotea se quedan de pie,
detrás de Papá. Papá tiene una gran cuchara para protegerse.

—¡Cálmense! dice tío Horacio. Vengan, siéntense otra vez a la mesa.

Paquito es la bestia más amable del mundo.

Entonces, el gorila, tío Horacio y yo, nos sentamos a la mesa.

—Paquito? pregunto a mi tío.

—Sí, es su nombre, Tomás. Este bestia tan cara se llama Paquito. Es muy inteligente, y a él le gustan todas las frutas.

Finalmente, a Papá le vuelve su voz. —¡Claro que no, Horacio, eso es impensable! Un gorila en un apartamento? ¡Qué... qué... *tontería*!

—¿Vas ahora a insultarme, Miguel? pregunta tío Horacio a Papá.

Nadie se atreve a insultar a tío Horacio. Éste tiene mucho dinero, y es viejo. Entonces, Papá responde de prisa: —¡Claro que no, Horacio! ¡De ningún modo! Pero un gorila en este apartamento...

—Un gorila va bien con tus muebles, Miguel! Pues, sabes bien que Tomás quiere un perro. ¿Y qué le has dado a tu hijo? ¿Una máquina fotográfica? *¡Puf!*

Veo que Mamá mira a tío Horacio de su puesto en la cocina. Tía Gabriela está en el balcón. Tío Horacio me mira.

—Ya sabes, Tomás, que no tengo perro. Sin embargo, tengo un gorila muy bonito. Éste va a vivir contigo durante un mes.

—¡Ah, ciertamente no! grita Mamá.

En este momento, tío Horacio habla a Papá: —Tomás tiene que enseñar algunos juegos a Paquito. Vuelvo a fin de mes. ¡Hasta la vista!

Sin esperar, tío Horacio se va hacia la puerta y sale. Yo me quedo a la mesa con el gorila. Y tío Ernesto se queda en el piso.

—Vas a ver, Papá. Paquito va a ser muy divertido para todos. Yo voy a...

—¡Oh, cállate! Vete a tu cuarto, Tomás, me dice Papá. Y llévale a Paquito contigo.

ACTIVIDADES DE LA TERCERA PARTE

A. *Paquito el gorila sabe hacer muchos juegos, pero no sabe contestar estas preguntas. ¿Y usted?*

1. ¿Cuál es el regalo de tío Horacio?
2. ¿Es grande esta bestia?
3. ¿Cómo pone la bestia su mano encima de la mano de Tomás?
4. Cuente las reacciones de los miembros de la familia.
5. ¿Qué arma tiene el padre de Tomás?
6. ¿Según tío Horacio, cómo es Paquito?
7. ¿Cuál es la primera opinión del padre de Tomás sobre el gorila?
8. ¿Y por qué su padre cambia de opinión?
9. ¿Durante cuánto tiempo Paquito va a vivir con Tomás y su familia?

10. ¿Qué tiene Tómas que enseñar a Paquito?

B. *Escoja una de las cuatro alternativas para completar cada frase.*

1. El gorila es _____ que Tomás.
   a. más grande   c. tan grande
   b. menos grande   d. más pequeño

2. El gorila toma la mano de Tomás _____.
   a. como un niño   c. como un viejo
   b. como un monstruo   d. como una vaca

3. Para protegerse, el padre de Tomás _____.
   a. salta por la ventana   c. corre hasta la cocina
   b. tiene una cuchara grande   d. se pone detrás de su mujer

4. Nadie nunca quiere insultar a tío Hector porque es _____.
   a. rico y viejo   c. muy mezquino
   b. peligroso   d. rico y joven

C. *¡Ay, caramba! Las palabras de estas frases están revueltas por el piso! Ponga cada frase en orden. ¡De prisa que llaman a la puerta!*

1. problema de tenemos cortesía aquí un
2. nada gorila dice el no
3. más amable Paquito bestia la es
4. Horacio a nadie atreve se tío a insultar
5. mes vivir va durante a Paquito contigo un

D. *Bueno, ¿Qué dice usted?*

1. ¿Qué pasteles le gustan a usted?
2. ¿Cuáles son sus frutas favoritas? Haga una lista de estas frutas.
3. ¿Cómo reaccionaría usted si un gorila llegase a su casa.

La Cuarta Parte

Tres semanas después...

Breve Lista de Vocabulario

un sillón	—una silla de brazos más grande de lo común
de prisa	—sin esperar, rapidamente
una pata	—un pie de animal
enojado	—enfadado, infeliz

Ahora Paquito y yo somos buenos amigos. Es muy inteligente. Sin embargo, cuando entra en el comedor, Mamá corre siempre hacia la cocina. ¡Pobre Mamacita! Tiene muchas veces dolor de cabeza.

Papá está más bravo. Se queda a la mesa. Mira los juegos de Paquito. A veces le da un plátano al gorila.

—Dime, Papá, le digo al fin de mes, ¿quieres ver los nuevos juegos de Paquito?

—Sí, responde mi padre. Papá no dice apenas nada desde la llegada de Paquito.

Bueno, hago unos gestos a Paquito y éste se sube a la mesa.

Digo: —¡Siéntate!

Y Paquito toma un plátano. ¡Bueno!, ¡nadie es perfecto!

Digo: —¡En el piso, Paquito!

Y Paquito pone el plátano en la cabeza de Papá.

—¡Tomás! grita mi padre. ¡Este gorila no entiende nada!

—Sí, Papá! Es muy inteligente. Vete en tu sillón, por ejemplo, y pídele a Paquito que venga.

Papá se va hacia el pequeño rincón del cuarto de estar donde está su sillón. Se sienta.

—¡Ven aquí, Paquito! dice Papá.

Paquito salta de la mesa, corre rapidamente hasta el sillón, y salta sobre Papá. Se queda allí, muy contento, con los brazos alrededor de la cabeza de mi pobre padre.

—¡Vuelve aquí! digo de prisa.

Paquito vuelve y se sube otra vez a la mesa. Papá también vuelve al comedor. Pido a Paquito que me dé la pata. Y él ofrece su pata gentilmente. Ahora, le toca a Papá.

—Dame la pata! dice mi padre a Paquito.

Y Paquito le da un pie a mi pobre padre. Para los gorilas, las manos y los pies son patas. No hay diferencia.

—¿Tu gorila sabe de verdad hacer juegos? pregunta Papá, enojado.

ACTIVIDADES DE LA CUARTA PARTE

A. *¿Es VERDADERO o FALSO? Corrija las falsas. Cámbielas a verdaderas.*

1. Cuando Paquito entra, Mamá le dice buenos días.
2. A veces, Papá le da un plátano al gorila.
3. La madre de Tomás tiene muchas veces dolor de cabeza.
4. Paquito pone una silla en el plátano de Papá.
5. Paquito pone sus patas alrededor de la cabeza del padre de Tomás.
6. Paquito da gentilmente la pata al padre de Tomás.
7. Papá está contento de los juegos de Paquito.

B. *¡Ah! Tenemos una idea muy buena. Usted es el amigo/la amiga de Tomás. Cuente el cuento de los juegos a su primo/su prima. Rellene los huecos de estas palabras.*

Aquí le damos a usted unas palabras:

gatos	peces
mano	chimpancé
pájaros	pastel
vende	silla
hermano	amigo
inteligente	juegos
estúpido	ejemplos
gorila	plátanos
regalo	tiene
aburrido	pata

¿Conoces mi _____ Tomás, verdad? Bueno, _____
                             1.   2.
un pequeño _____ moreno. Es un _____ de
                               3.   4.
cumpleaños. Y la bestia es muy_____. ¡Sí, es la verdad!
                                                    5.
¡Conoce muchos_____! Por ejemplo, da la _____
                                 6.   7.
y trae _____. Pero, en cuanto a yo, ya sabes, prefiero los _____.
                 8.   9.

C. *Aquí le presentamos a usted unos grupos de palabras. Busque la palabra que no va con las otras.*

1. bravo, inteligente, cocina, simpático

2. plátano, manzana, melocotón, sillón
3. comedor, pata, pierna, pie
4. silla, mano, sillón, mesa
5. salta, siéntate, da, diferencia

D. Bueno, ¿Qué dice usted?

1. ¿Usted tiene algún perro, gato o chimpancé? Describa este animal. (Si no tiene animales, invéntese uno.)
2. ¿Qué juegos su animal sabe hacer? ¿Qué juegos no sabe hacer su animal?

La Quinta Parte

Quiero que Paquito impresione a Papá. Pues pienso en un juego espectacular. Por último, le digo a Paquito: —¡Datc la vuelta!

Entonces Paquito salta en el piso, se tumba, y da tres vueltas. Me divierto y río mucho. Papá no ríe para nada.

¡Qué barbaridad! Cuando Paquito da vueltas, no ve bien adonde va. Rueda hasta la puerta de la cocina. En este momento, Mamá sale. Lleva unos platos en las manos. Paquito se pone entre las piernas de Mamá. Mamá se cae sobre el gorila mientras ella grita. Hay muchos platos por todas partes del piso.

Paquito tiene a Mamá como un plátano y rueda con ella por el piso. ¡Mamá chilla continuamente! Empiezo a reír como un loquito. Pero Papá no ríe. Me dice que pare a Paquito.

—Paquito! grito. ¡Ponte en la silla!

Paquito agarra a Mamá y se sube a la silla. Luego, carga a Mamá por encima de su cabeza.

—Paquito! grito yo otra vez. ¿Quieres un plátano?

Paquito agarra a Mamá por debajo del brazo izquierdo y pide un plátano con la mano derecha. Comunicarse con un gorila, no es siempre fácil.

—¡Basta ya! dice Papá, todo furioso. Llamo a la policía!

Y agarra el teléfono. Pero, al ir a llamar por teléfono, entra tío Horacio.

—¡Ah, buenos días, mis queridos! dice. ¡Bravo! Veo que ustedes se divierten bien con mi caro Paquito. ¡Oye Paquito! ¡Ven abrázarme!

Entonces, Paquito deja caer a Mamá inmediatemente y corre hasta tío Horacio.

—Ahora sepan, dice tío Horacio a Mamá y a Papá, que un perro no es nada. Después de tener a Paquito, ustedes van a ver lo fácil que es tolerar un perro.

Papá mira a tío Horacio y tiene todavía su aspecto furioso. Sin embargo, mi tío le pide a Papá que cuelga el teléfono. Papá cuelga. Va para ayudar a Mamá que está todavía en el piso.

—¡Bueno! Ahora, hablemos del asunto como gente civilizada. ¿A ustedes no les gusta mi gorila?

—¡Claro que no! dice Papá. Mamá no dice nada. Está desconcertada.

—Bueno. ¿Qué prefieren ustedes para su hijo? ¿Un gorila o un perro?

—¡Oh, Papá! grito. ¿Es posible? ¿Un perro, un perro de verdad?

Paquito es amigo mío, pero es el gorila de mi tío. Pues, un gorila no es un perro.

Finalmente, Papá y el tío se ponen de acuerdo. Y tío Horacio le da a Papá el dinero para que me compre inmediatemente un perro .

El próximo mes...

Hoy estoy completamente satisfecho. Mi amigo Rafael tiene su pastor alemán y ahora yo también tengo un perro—un perro San Bernardo. ¡Qué perro tan grande!

ACTIVIDADES DE LA QUINTA PARTE

A. *Estamos al final del cuento y aquí vemos las últimas preguntas.*

1. ¿Por qué piensa Tomás en un juego espectacular?
2. ¿Qué hace Paquito en el piso?
3. ¿Qué problema tiene Paquito cuando da vueltas?
4. ¿Qué lleva la madre de Tomás?
5. ¿Qué hace Paquito con la madre de Tomás?
6. ¿Cómo grita Mamá?
7. ¿Qué hace Paquito cuando se sube a una silla?
8. ¿A quién llama Papá por teléfono?
9. ¿Quién llega en este momento?
10. ¿Cuál es la solución que tío Horacio propone a la familia?
11. ¿De qué raza es el perro que Mamá y Papá regalan a Tomás?
12. ¿Cómo es este perro?

B. *Elija la mejor respuesta para cada pregunta. ¡Divértase con ellas!*

   1. Para impresionar a su padre, Tomás piensa en _____.

      a. un regalo extraordinario   c. una comida deliciosa

      b. un juego espectacular   d. dar la vuelta al mundo

   2. Cuando Paquito da vueltas, el padre de Tomás _____.

      a. da vueltas él también   c. llora como una chica

      b. no salta en la mesa   d. no ríe

   3. La madre de Tomás lleva _____ en las manos.

      a. unos platos   c. a Papá

      b. al gorila   d. unas servilletas

   4. Paquito rueda por el piso _____.

      a. con los platos   c. con la madre de Tomás

      b. con los plátanos   d. con mucho entusiasmo

   5. El padre de Tomás va llamar por teléfono _____.

      a. para reservar un taxi   c. para hablar con tío Horacio

      b. para hablar con la policía   d. para conectar con la Sociedad
                                           Protectora de Animales

   6. El padre de Tomás mira a tío Horacio _____.

      a. con una sonrisa espléndida¡ c. con estupefacción

      b. con aire muy enojado   d. con la boca abierta

C. *¡Sus opiniones!*

   1. Haga una lista de los personajes de este cuento. Añada los
      detalles de cada personaje. Dé su opinión sobre cada
      personaje.

   2. ¿Usted está de acuerdo con las acciones de tío Horacio? ¿Por qué?

   3. Imagínese: ¿Cuáles son ahora las dificultades de la familia de
      Tomás con el perro San Bernardo?

Aventuras en Internet

   1. *los gorilas:*
      http://www.damisela.com/zoo/mam/primates/hominidae/gori/

   2. *los perros:*
      http://www.perros.com/

3. *la gran guía para hacer regalos:*
   http://www.laguiadelregalo.com/html/ideaspararegalar.html

✳ ✳ ✳

Ahora vamos a pasar a otra página, y saltamos de un día de cumpleaños a los prodigios de la ciencia. De hecho, la ciencia tiene también sus sorpresas. ¡Y sus pequeños accidentes!

Un sábado por la tarde

La Primera Parte

Breve Lista de Vocabulario

una recámara	—un cuarto de dormir, una habitación: *la madre de Luisa dice recámara porque la señora es de México; recámara es una palabra mexicana*
espuma	—las burbujas de un líquido
un tocador	—un mueble con espejo
una máquina del tiempo	—una aparato que viaja a través del tiempo
de repente	—súbitamente

El pueblo de Santa Alma no está muy lejos de la ciudad de Santa Fe en Nuevo México. Es un sábado por la tarde a finales de junio. Hace muy buen tiempo. Son las seis, pero todavía se aprecia el sol.

La familia Rodríguez vive en una espaciosa casa en una calle muy agradable. La casa está rodeada de un césped muy bonito.

Esta tarde, en la casa de los Rodríguez, no todo va bien. Luisa Rodríguez, de dieciséis años, va a salir en pocos minutos. Luisa es de talla media. Tiene el pelo moreno y los ojos verdes. Es una muchacha simpática-cuando no se enoja, pero esta tarde está enojada. No puede terminar sus preparaciones para salir.

—¡Mamá! Tienes que parar a Papá, grita Luisa.

Para Luisa, todas las acciones de su padre llegan a catástrofes.

—¿Por qué Luisa? ¿Qué hace tu padre?

—¡Hace un experimento en el baño!

—No te preocupes, Luisa. Conoces bien a tu padre. Hace siempre sus experimentos de física, dice su madre con una voz calmada. Y tú no debes molestar a tu padre cuando trabaja, lo sabes bien, ¿no?

Es la regla principal de la casa. El padre de Luisa es el famoso Hipólito Rodríguez. *El profesor* Rodríguez, científico admirado por todo el mundo.

—Pero, Mamá, tengo dieciséis años, protesta Luisa. Tengo una vida muy activa. Roberto me viene a buscar a las seis y media. Pues, ¡mira mi pelo!

—Bueno, discúlpate, entra en el baño, y quédate cerca del lavabo. No molestes a tu padre.

—¡Ah, no, Mamá! ¡No quiero ir al baño! Una horrible espuma anaranjada cubre todo el piso.

—¡No me digas! ¡Basta ya, Luisa! Cálmate. Vete a mi recámara y prepárate delante de mi tocador.

—Gracias, Mamá, dice Luisa y se sube al piso superior.

La madre de Luisa sonríe. Vivir con un científico como el profesor Rodríguez no es siempre fácil. Con una hija de dieciseis años tampoco.

Un poquito más tarde, llaman a la puerta. Es un toc-toc bastante incierto. Todo el mundo cree que el profesor Rodríguez es un poco excéntrico. No hay muchos jóvenes que vienen a buscar a Luisa en su casa.

—¡Es Roberto sin duda! grita Luisa del cuarto de su madre. Éste llega siempre temprano. Dile a Roberto que voy a bajar en seguida, Mamá.

La señora Rodríguez abre la puerta e invita a Roberto a entrar. El joven se sienta en el sofá y la señora Rodríguez se sienta a su frente. Roberto no se siente cómodo. Tiene diecisiete años, el pelo rubio y los ojos azules. Es grande, pero un poco tímido.

Súbitamente unos gritos terribles vienen del baño: *¡Argh! ¡Ah! ¡Ahhhhhh!* El profesor Rodríguez aparece en lo alto de la escalera. Aparece cubierto de una espuma anaranjada. El padre de Luisa baja muy de prisa y corre por la sala.

—¡Caramba! dice. Un poco de suerte y yo...

El profesor Rodríguez ve de repente al joven sentado en el sofá. Dice, —Ah, buenas tardes, mi hijito. No te doy la mano, por supuesto. Estoy cubierto de... ¡Bueno! Discúlpame, por favor. Tengo que poner esta espuma en su recipiente. Luego, necesito verificar la máquina del tiempo.

Entonces el profesor Rodríguez empieza a hablar consigo mismo. Sale de la sala y baja al sótano.

—Está muy ocupado, mi esposo, dice calmada la señora Rodríguez. Él está siempre corriendo de un lado a otro.

ACTIVIDADES DE LA PRIMERA PARTE

A. *¿Usted entiende bien nuestro cuento? ¡Qué bien! Conteste las preguntas siguientes.*

1. ¿Dónde está el pueblo de Santa Alma?
2. ¿Dónde está la ciudad de Santa Fe?
3. ¿En qué día de la semana estamos cuando ocurre esta historia?
4. ¿Qué tiempo hace? ¿Qué hora es? ¿En qué fecha estamos?
5. ¿Cómo es la casa de la familia Rodríguez?
6. Diga lo que sabe usted del padre de Luisa.
7. ¿Dónde está trabajando el padre de Luisa cuando empieza nuestro cuento?
8. ¿Quién es Roberto?
9. ¿Cómo baja la escalera el profesor Rodríguez? ¿Por qué?
10. ¿Por qué baja el profesor al sótano?

B. *Juego de vocabulario*

1. Cuando usted está furioso/furiosa, decimos que usted se....
2. Si usted no es ni grande ni pequeño/pequeña, es de....
3. Hay un sinónimo para *acabar*. ¿Cuál es? Busque también el contrario de *acabar*.

C. *Ahora vamos a hacer varias listas.*

1. Haga una lista de los días de la semana.
2. ¿Cuáles son sus meses favoritos? ¿Por qué? ¿Cuándo es su cumpleaños?
3. ¿De qué color es su pelo? ¿Y de qué color son sus ojos?

D. *¡Le toca a usted de pensar!*

1. ¿Cómo es Luisa? Describa a Luisa según los detalles del cuento. Describa también a Roberto.
2. ¿Cómo se imagina usted a la señora Rodríguez? Descríbala.
3. Invente una conversación entre Luisa y Roberto en la escuela. Uno de los dos invita al otro para ir al cine. Uno no puede decidirse.
4. Invente una conversación entre Roberto y unos amigos suyos sobre el padre de Luisa.

La Segunda Parte

Breve Lista de Vocabulario

rarísimo/a	—muy singular, muy extraño, poco común
el peinado	—el arreglo del pelo
la moda	—maneras de vestir que se llevan

Roberto se queda en el sofá con una sonrisa cortés en sus labios. Le cae bien Luisa, claro, pero su familia es rarísima.

Luisa baja diez minutos más tarde. Lleva el pelo rizado como una oveja. Tiene también unas manchas rojas en las mejillas y unas azules en la nariz. Claro que Luisa no está satisfecha de su aspecto.

—¡Mamá! Creo que Papá hace unos experimentos con los espejos también. ¡Mira! ¡Parezco un bufón!

Roberto empieza a reír.

—¿Qué pasa con tu peinado, Luisa? ¿Una sacudida eléctrica? Es un accidente, ¿verdad? ¿No quieres llevar el pelo así?

Y Roberto continúa riendo. Como muchos muchachos, no entiende el peligro de bromear en momentos inoportunos.

—Ponte de pie, Roberto, dice Luisa con una voz muy fría. Es ya la hora de salir. Además, Roberto, en cuanto a los peinados y la moda, no sabes nada. Entonces no debes hacer comentarios sobre mi apariencia.

Roberto es inteligente. Prefiere no decir nada. Mira fijamente sus zapatos.

—¡Ah, sí! Ahora me acuerdo, dice la señora Rodríguez, sin prestar atención a las palabras de Luisa y Roberto. Tu padre trabaja con los espejos. Un experimento de luz, si lo entiendo bien.

En el mismo momento, toda la casa tiembla. Los radiadores silban muy fuerte. Un humo amarillo y maloliente llena la casa. La casa tiembla otra vez y se queda en silencio.

—Bueno, dice la señora Rodríguez con una pequeña sonrisa, divértanse bien al cine. Voy a ver lo que hace tu padre.

—Vámonos, dice Roberto, nervioso. Toma el brazo de Luisa y se dirigen hasta la puerta.

Roberto abre la puerta. Luisa sale. Da un primer paso, se para, y vuelve a entrar en seguida. Roberto no entiende.

—¿Qué pasa, Luisa? ¿Te olvidas algo?

—Roberto, creo que no vamos al cine esta tarde, dice Luisa. ¡Mira!

De repente, todo se ha transformado. El césped ha desaparecido. Unos árboles gigantes y unos helechos enormes—como un bosque inmenso—cercan la casa. Es una selva tropical. Hace mucho calor y mucha humedad. Unos olores aromáticos llenan el aire. Muchos insectos grandes como palomas vuelan por todas partes.

ACTIVIDADES DE LA SEGUNDA PARTE

A. *¡No diga nada sobre el peinado de Luisa! ¡Conteste más bien estas preguntas!*

1. ¿Qué piensa Roberto de Luisa? ¿Y de la familia de Luisa?
2. ¿Cómo es el pelo de Luisa?
3. ¿Cuál es la reacción de Roberto cuando ve el pelo de Luisa?
4. ¿Cómo describe Roberto el pelo de Luisa?
5. ¿Y qué le dice Luisa a Roberto?
6. Muestre que Roberto es inteligente.
7. ¿Qué experimento hace el profesor Rodríguez con los espejos?
8. ¿Qué pasa de repente?
9. ¿Qué ruido escuchan Luisa, Roberto y la señora Rodríguez?
10. ¿Qué ve Luisa cuando está en la puerta?
11. ¿Cómo son las plantas? ¿Y los insectos?
12. ¿Qué escucha Luisa?

B. *Juego de vocabulario*

1. El contrario de despacio es....
2. El contrario de de repente es....

C. *El mundo de los ejemplos*

1. Busque ejemplos de edificios.
2. Dé ejemplos de cosas malolientes.

D. *¡Le toca a usted de pensar!*

1. Usted insulta a alguien, pero sin querer. ¿Qué dice usted en seguida?

2. Un amigo/una amiga lleva el pelo increíblemente raro. ¿Qué dice usted?
3. La casa tiembla. Piense en algunas posibilidades.
4. ¿Dónde vemos el humo?
5. Son las siete de la mañana. Usted mira por la ventana del cuarto y ve... un mundo completamente diferente. Describa este mundo.

La Tercera Parte

Breve Lista de Vocabulario

un centenar	—más o menos cien
bípedo	—de dos pies; un animal que marcha con dos patas
hocico	—la boca de un animal

—¡Qué barbaridad! ¿Qué pasa, Luisa? grita Roberto. ¿Dónde estamos exactamente? Claro que ya no estamos en Santa Alma.

El profesor Rodríguez llega en la puerta y responde a Roberto, "Creo que usted debe decir más bien *cuándo estamos*, mi hijo.

El profesor sale de la casa y da unos pasos entre los helechos.

—Ya no estamos en el siglo veintiuno, sin duda, dice el científico.

Y el padre de Luisa ríe.

—¡Papá! Voy a salir esta tarde con Roberto. Vamos al cine para ver *El Mundo Perdido*. ¡No tienes derecho de hacer...de hacer...todo lo que acabas de hacer!

Luisa empieza a llorar. Roberto quiere calmar a Luisa. Un poco tímido, pone el brazo sobre sus hombros.

—¡Mira, Luisa¡ dice la señora Rodríguez. Tu padre acaba de hacer algo muy importante. ¡No te quejes!

Ahora, mira a su esposo. -¿Qué acabas de hacer, exactamente, querido?

—¡Bueno, escucha! Estoy en el sótano para verificar la carga de la
máquina del tiempo. Sin querer, pongo en marcha el aparato.
Unos temblores, unos humos, y entonces aquí estamos. ¡Qué gran
sorpresa! ¿verdad?

—¿Dónde... no, ¿*cuándo* estamos de manera precisa, Papá? pregunta
Luisa. ¿Y vamos a poder llegar al Multicine a las siete y cuarto?

Está claro que Luisa no lo cree cuando mira la escena delante de sus
ojos. Todavía está pensando en sus planes para el fin de semana.

—¡Bueno, mira, Luisa! dice despacio su padre, no puedo decírtelo al
cien por cien, pero, cuando miro aquellos árboles, creo que
estamos en algún tiempo cerca del fin de la era jurásica.

¡Caramba! piensa Roberto. *¡Hay tantas chicas en la escuela y yo salgo
con ésta que me embarca en el parque jurásico!*

En este momento, un reptil enorme sale de la selva. Parece tener
hambre. Se para a unos cien metros de la casa. Es un reptil bípedo,
amarillo y verde. Por encima de su hocico, tiene un gran cuerno afilado.
La bestia da unos movimientos muy rápidos. Es ágil para su tamaño.

—¡Qué milagro! exclama el profesor Rodríguez. ¡Es un dinosaurio!

—Pues, ¿no andan con paso pesado como los elefantes? pregunta
Roberto, curioso a pesar del peligro.

El dinosaurio da un salto adelante, un poco como un pájaro
gigantesco. Se acerca a la casa. Sus dos pequeños brazos terminan en
patas con garras. La bestia es alta de aproximadamente ocho metros.
Su cola es corta, pero espesa. El animal mira a los cuatro
norteamericanos a través de un ojo verde. Entonces, mira a estos
animales raros con el otro ojo cuando vuelve la cabeza. Repite este
movimiento tres, cuatro veces. El dinosaurio da otro salto hacia
delante, entonces da un salto hacia atrás.

—¡Ah, maravilloso! dice el profesor Rodríguez, encantado. Aquel
animal, queridos míos, es un Ceratosaurio—*Ceratosaurus
nasicornis*, precisamente.

—¿Es un dinosaurio inofensivo? pregunta Luisa.

—¡Claro que no! Es uno de los grandes carnívoros del fin de la era
jurásica, un predator estupendo.

El dinosaurio da unos píos como un pájaro. Vacila un momentito. El
animal mira todavía a los norteamericanos. De repente, otro
Ceratosaurio llega para ayudar al primero.

—¡Ah, sí, miren! dice el profesor Rodríguez. Van de caza en grupos,
estos Ceratosaurios.

Saca su bolígrafo para escribir este detalle en su cuaderno.

—¡Papá! grita Luisa. ¿Cómo puedes quedarte tan tranquilo? Si
aquellas grandes bestias están allí, es para comernos.

ACTIVIDADES DE LA TERCERA PARTE

A. *¡Súbito! ¡Mire a la ventana! ¿Hay un dinosaurio por allí? ¿No? ¿Cierto? ¡Bueno! Ahora, mire más abajo: conteste estas preguntas.*

1. Roberto hace una pregunta por *¿Dónde.* ¿Qué debe preguntar?
2. Luisa y Roberto tienen planes: van al cine para ver *El Mundo Perdido.* ¿Por qué el título de la película es cómico?
3. ¿Cuál es la reacción de Luisa al mirar delante de la casa? ¿Por qué?
4. ¿La señora Rodríguez entiende lo que pasa?
5. ¿Qué acaba de hacer el profesor Rodríguez?
6. ¿Cuál es su reacción?
7. Según Luisa, ¿qué pregunta es más importante?
8. ¿En qué epoca están los cuatro norteamericanos?
9. ¿Qué animal aparece? ¿Cómo es?
10. ¿Cómo anda esta bestia?
11. ¿Es herbívoro el Ceratosaurio?
12. ¿Cuántos Ceratosaurios hay cerca de la casa? ¿Por qué llega el otro?

B. *Juego de vocabulario*

1. Busque el contrario: *Paro el aparato.*
2. Busque el contrario: Roberto es muy *agresivo.*
3. ¿Qué busca un *predator?*
4. La cola del dinosaurio es muy larga. La cola del elefante no es larga. Es...

C. *El mundo de los ejemplos*

1. Busque ejemplos de siglos. ¿En qué siglo estamos?
2. Busque ejemplos de animales bípedos. Y de animales cuadrúpedos también.
3. ¿Usted sabe algunos nombres de dinosaurios?

D. *Bueno, ¿Qué dice usted?*

1. ¿Cuáles son sus dinosaurios favoritos?
2. Recuente el viaje a través del tiempo.
3. Haga un dibujo de un dinosaurio. Indique las varias partes de su cuerpo.

La Cuarta Parte

Breve Lista de Vocabulario

una decena	—diez
un herbívoro	—animal que come plantas
bramar	—gritar de ira, hacer ruido (animales)
estupefacto	—sorprendido, atónito
dar marcha atrás	—cuando hablamos de una máquina del tiempo, *volver al presente*
preocupado	—que piensa en cosas que le afectan

Una sombra gigantesca cae sobre la casa. Luisa y Roberto miran hacia la derecha. A una decena de metros encima de la casa aparece una cabeza más grande que la cabeza de un elefante.

—¡No me digas! ¿Qué es eso? pregunta Roberto. Empuja a Luisa hacia la puerta de la casa.

Despacio la masa gigantesca del animal aparece delante de la casa. El profesor Rodríguez reconoce a la bestia.

—Aquel animal, mi hijo, es un Camarasaurio, *Camarasaurus Supremus*. Es uno de los dinosaurios más grandes, un pariente del Diplodoco.

—¿Y carnívoro él también? pregunta Luisa.

—No, el Camarasaurio es herbívoro. No es peligroso si no está enojado. Pero, miren, ¡ahora está muy enojado!

El Camarasaurio levanta la cabeza y brama con una voz silbante muy fuerte. Ambos Ceratosaurios ya no hacen caso a los pequeños seres humanos. Ahora los carnívoros miran al monstruo que está todavía bramando.

—Este Camarasaurio está herido, nota el profesor Rodríguez. Creo que nuestra llegada interrumpe una batalla.

—Volvamos a nuestro propio país, dice Luisa con una voz muy tímida.

—Estamos en nuestro propio país, mi hijita, dice su madre. Señala su casa con la mano.

—Bueno, en ese caso, volvamos a nuestra propia era en el Nuevo México. Volvamos a un sábado por la tarde de junio, en el siglo veintiuno. Yo voy a salir de casa con Roberto. Vamos a ir al cine. ¡No vamos a luchar con todas las bestias del *Mundo Perdido*!

El profesor Rodríguez mira a su hija. Se queda sinceramente estupefacto. ¡A Luisa no le gusta esta aventura! Entonces mira a su esposa.

—Creo que nuestra Luisa no se divierte, Mamá.

—Tienes razón, querido mío. Volvamos ya que te lo pide Luisa.

—¡Bueno! Estoy de acuerdo. Voy a hacer este experimento otra vez más tarde. Volvamos a nuestra era.

—¡Gracias, Papá! dice Luisa. Y le da un beso a su padre.

—En ese caso, volvamos a la casa todos. Y tú, mi hijo, cierra bien la puerta. Yo bajo al sótano para poner en marcha el aparato. Tengo que dar marcha atrás, si es posible.

El profesor Rodríguez desaparece en el sótano misterioso. Afuera, uno de los Ceratosaurios salta sobre el Camasaurio herido. Hay gritos y bramidos. Roberto cierra la puerta. Luego, pone el cerrojo.

—Creo que este cerrojo no va a ayudarnos mucho contra aquellos monstruos, dice Luisa.

—Quiero preguntarte algo, Luisa, dice Roberto. ¿Qué quiere decir tu padre cuando habla de dar marcha atrás <<*si posible*>>? ¿El señor profesor sabe bien lo que hace? Vamos a volver a nuestra era, ¿verdad?

—Sabe muy bien lo que hace, mi hijo, contesta la señora Rodríguez antes de que conteste Luisa. Sencillamente el padre de Luisa tiene tantos proyectos y tantas ideas. A veces se olvida de pequeños detalles y de lo que quiere hacer.

En este momento, el profesor Rodríguez entra en la sala. Parece preocupado.

Sin mirar a nadie dice, —Me pregunto cuantas partes del barrio han sido afectadas como nosotros aquí por la era jurásica.

ACTIVIDADES DE LA CUARTA PARTE

A. *¡Ah, las acciones! Busque la acción que falta. Es un verbo. Las respuestas están en la cuarta parte.*

  1. Un dinosaurio _____ como un león.

  2. Un carnívoro _____ sobre su victima.

3. La sombra del dinosaurio _____ sobre la casa.

4. Roberto _____ a Luisa hasta la puerta de la casa.

5. El profesor Rodríguez _____ a veces de los detalles.

6. Luisa está contenta. _____ un beso a su padre.

7. Roberto _____ la puerta.

8. La llegada de los norteamericanos _____ la batalla de los dinosaurios.

B. *Busque el contrario.*

1. muy enojado
2. poner en marcha
3. perdido
4. calmado/calmada
5. afuera

C. *Busque unos ejemplos para cada palabra.*

1. un herbívoro
2. un animal peligroso
3. un carnívoro
4. una era

D. *Bueno, ¿Qué dice usted?*

1. ¡No dibuje el objeto! Dibuje su sombra.

2. Haga una lista de cada personaje. Entonces, cuente la reacción de cada personaje sobre el viaje a través del tiempo.

La Quinta Parte

Breve Lista de Vocabulario

el tendero	—una persona que vende en una tienda
tontísimo	—muy, muy tonto
a toda marcha	—rapidamente
un detector	—un aparato que sirve de señal cuando hay humo o un incendio

—Papá! ¿Qué pasa? ¿Hay algo que no funciona?

—Bueno, si el tendero de la calle Santa Rosa llegó a esta era con nosotros, no hay problema. Voy a comprarle unas pilas.

El profesor Rodríguez mira por la ventana. Ve sólo una selva tropical.

—¡Ay, no tenemos suerte! Creo que somos los únicos que hemos llegado aquí.

—¿Por qué unas pilas? pregunta Roberto.

—El paso de nuestro presente hasta el pasado consumió las pilas de la máquina del tiempo. Ya no tenemos suficiente energía para volver.

—¿Qué dice? ¿No podemos regresar a nuestra era porque usted no tiene pilas? grita Roberto. ¡Eso es ridículo! Creo que....

Roberto se olvida en este momento con quien habla.

—¡Roberto! Es mi padre con quien tú hablas.

—Discúlpeme, Señor, contesta Roberto. Estoy un poquito inquieto, ¿no les molesta a ustedes? En alguna parte, en el futuro, mi coche está allí, aparcado al lado de aquella palmera alta de veinte metros. Sin embargo, en mi era, hay una acera delante de una casa muy bonita. Y en mi era, no hay unos monstruos que luchan mortalmente delante de mis ojos. Me pregunto dónde está ahora mi coche. Es un coche bonito, ¿lo saben ustedes? A mí me gusta mi coche.

Luisa toma el brazo de Roberto.

—Oh, basta ya, Roberto. Yo sé bien que todo eso no es fácil para ti.

—Para regresar al momento actual, interrumpe el profesor Rodríguez, necesito cuatro pilas de nueve voltios. ¿Hay unas pilas en tu cuarto de dormir, Luisa? ¿En tu aparato de radio o de CD?

—No sé, Papá. Creo que mis pilas son triple-A. Espera. Voy a verificarlo.

Luisa sube por la escalera. Los muros de la casa tiemblan. ¡Uno de los dinosaurios tropieza con la casa! Entonces, hay un gran ruido en el piso superior. Luisa baja a toda marcha.

Dice, —No tengo pilas de nueve voltios.

La casa tiembla otra vez, y hay unos ruidos enormes de dinosaurios por todas partes.

—Bueno, no tienes pilas, Luisa. Eso no es grave, dice su padre.

—Creo que Luisa no está contenta, querido mío, dice la señora Rodríguez a su esposo. Es porque no va a ir al cine con Roberto.

—¡Y porque no voy a pasar mi vida en el siglo veintiuno! dice Luisa.

—¡Un momentito! dice Roberto. Ustedes tienen detectores, ¿verdad? Quiero decir los detectores de humo.

—Claro que sí, contesta la señora Rodríguez. En la cocina, y por encima de la escalera. Creo que hay un detector en la escalera del sótano también.

—¡Tienes razón, mi hijo! ¡Formidable! dice el profesor Rodríguez. Estos aparatos contienen pilas de nueve voltios.

—Sí, pero tienen sólo tres aparatos, dice Roberto.

—Es verdad, sí, responde el profesor Rodríguez. ¡Pero, espera! ¡Qué importa! Ya tenemos tres pilas. Hay vinagre en la cocina...está bien.... Este pomo de la puerta es de metal. ¡Ah, muy bien! Tengo ahora todo lo necesario.

ACTIVIDADES DE LA QUINTA PARTE

A. *¿VERDADERO o FALSO? Conteste según los detalles en el cuento.*

1. El tendero de la calle Santa Rosa llegó a la era jurásica también.
2. El profesor Rodríguez toma unas pilas del detector.
3. Los detectores de humo contienen pilas.
4. El profesor Rodríguez no tiene pilas y Roberto está contento.
5. Todo el mundo entiende la idea del profesor Rodríguez cuando habla de vinagre y del pomo de la puerta.
6. Roberto piensa que su coche está en el pasado con ellos.
7. Mientras el profesor Rodríguez está pensando, hay unos dinosaurios que hacen unos ruidos espantosos.
8. La madre de Luisa entiende que su hija no está contenta.
9. Roberto dice que hay pilas en la nevera.

B. *Termine las frases. Busque las respuestas en el cuento.*

1. _____ no está bien?
2. El profesor Rodríguez _____ a la ventana.
3. El paso _____ consumió las pilas.
4. El profesor Rodríguez necesita _____.
5. ¿Hay unas pilas _____?
6. Los muros de la casa _____ porque hay una batalla de dinosaurios.
7. Hay detectores de humo _____.

C. *Busque el contrario.*

1. tonto
2. delante
3. grave
4. tener razón

D. *¿Qué dice usted?*

1. Haga una lista de aparatos que contienen pilas.
2. ¿Qué está aparcado en la calle?
3. ¿Qué tipos de detectores puede nombrar?
4. ¿Dónde se ponen los detectores de humo en una casa?
5. ¿Hay detectores de humo en su casa de usted? ¿Por qué?

La Sexta Parte

Breve Lista de Vocabulario

una arma de fuego	—uno de los varios instrumentos para hacer guerra; ejemplo: un revólver
más vale... que...	—es preferible que
un bombero	—persona perteneciente al cuerpo encargado de combatir incendios

Luisa y Roberto miran al profesor Rodríguez. Corre a la puerta del sótano con una botella de vinagre, las pilas y el pomo de la puerta en sus manos.

—¡Siéntense! grita el profesor Rodríguez desde el sótano. ¡El viaje de vuelta puede ser muy turbulento!

Roberto se sienta al lado de Luisa y le abraza. La señora Rodríguez está de rodillas debajo de la gran mesa del comedor. Conoce bien los resultados de las soluciones provisionales de su esposo.

Afuera, la batalla de los dinosaurios continúa cada vez más fuerte. Unas sombras gigantescas pasan por delante de las ventanas.

Súbito, la máquina del tiempo se pone en marcha. Otra vez, la casa tiembla. Otra vez, un ruido silbante les llena las orejas. Y otra vez, un humo amarillo y maloliente se esparce por toda la casa. Los bramidos de dinosaurios desaparecen. Y durante un momentito, todo está tranquilo. Un silencio completo invade ahora todos los ruidos.

Luego, de prisa, el ruido agudo de sirenas llena la casa. Son las sirenas de los coches patrulla de la policía y los claxones de los bomberos. Se oye también un *¡CRAC! ¡CRAC!* de las armas de fuego, y entonces un *¡BUM!* muy fuerte.

—¡Cuidado! grita Roberto. ¿Dónde estamos ahora?

—Creo que estamos otra vez en nuestra era, dice el profesor Rodríguez. El científico ya está a la puerta, listo para salir.

—¡No, señor, espere, por favor! grita Roberto. Los habitantes no me parecen amistosos.

El profesor Rodríguez sonríe y abre la puerta. Para él, más vale la curiosidad que el miedo. Ve varios coches de la policía y un gran camión de bomberos. Los agentes tienen un revólver en la mano, pero no disparan. Un humo negro entra por la puerta.

ACTIVIDADES DE LA SEXTA PARTE

A. *Tenemos una máquina del tiempo, y tenemos todo el tiempo del mundo para contestar estas preguntas.*

1. ¿Qué soluciones del esposo no le gustan a la señora Rodríguez?
2. Antes del viaje de vuelta a través del tiempo, ¿dónde están Luisa y Roberto? ¿Dónde está la señora Rodríguez?
3. ¿Cómo es el viaje de vuelta?
4. ¿Qué ruido interrumpe el silencio?
5. ¿Cuáles son otros ruidos que oyen los viajeros?
6. ¿Por qué Roberto no quiere abrir la puerta?
7. ¿Por qué el profesor Rodríguez abre la puerta?
8. ¿Qué ve el profesor Rodríguez en el césped y alrededador de la casa?

B. *Escriba el contrario de las palabras en cursilla.*

1. Todo el mundo está muy *tranquilo*.
2. Este animal es *pesado*.
3. Los temblores se hacen *cada vez más fuertes*.
4. El dinosaurio no es *hostil*.
5. *Rápidamente* el dinosaurio viene hacia la casa.

C. *El mundo de los ejemplos*

1. ¿Qué se mete en una botella?
2. Dé ejemplos de sirenas y de claxones.
3. ¿Cuáles son los animales más pesados?
4. ¿Y cuáles son los animales más ligeros?

D. **Bueno, ¿Qué dice usted?**

1. Explique lo que el profesor Rodríguez va a hacer con el pomo de
   la puerta.
2. Cuente lo que pasa después de un momentito de silencio cuando
   los viajeros atraviesan el tiempo.
3. Usted es uno/una vecino/vecina de la familia Rodríguez. Llame
   por teléfono a la policía y cuente lo que ve cuando la casa de
   los Rodríguez desaparece.
4. Usted es agente de la policía. Hable por radioteléfono para
   explicar la escena del césped de la casa de los Rodríguez.
5. Usted está en la calle cuando la casa de la familia Rodríguez
   regresa hasta el presente. Describa lo que pasa. ¡No se olvide
   de contar lo del monstruo que desaparece!

La Septima Parte

Breve Lista de Vocabulario

la policía	—administración encargada de mantener el orden público
el policía	—un agente que se encarga de mantener el orden púbico
un ademán	—un gesto (con la mano)
un vecino suyo	—uno de sus vecinos

Luisa y Roberto se ponen detrás del profesor Rodríguez para ver lo
que pasa. —Papá, ¿por qué están allí tantos policías?

—Sí, y ¿por qué llegan los bomberos también? pregunta Roberto.

Tres policías tienen grandes armas de fuego. Apuntan a algo invisible
al otro lado de la casa. Pues, se confunden y de repente bajan sus
armas.

—¡Escuchan, ustedes en la casa! grita un policía desde su coche.
¿Todo está bien? ¿No hay heridos?

El profesor Rodríguez hace un ademán para indicar que todo está
bien. Dos policías corren hacia la puerta.

—¿Qué pasa? pregunta Luisa.

—Una explosión, parece, Señorita. Un vecino suyo llamó por
teléfono y dijo que un monstruo verde llegó por delante de su casa.
Parece un monstruo muy enojado.

—¿Un monstruo verde? pregunta el profesor Rodríguez, inocente. Pero no veo a ningún monstruo.

El policía se molesta. —Ee, es decir que... ee...

Otro policía dice, —Desapareció aquel monstruo.

—Parecia un dragón, dice el primer policía. ¡Miren! ¡Allá están las pruebas!

La hierba del césped al lado de la casa está completamente rasgada. Hay las huellas de las patas de un animal gigantesco. Huellas de dinosaurio que son de unos setenta centimetros de profundidad. Los bomberos luchan todavía contra varios incendios en el césped.

—¡Ah, lo entiendo! dice el profesor Rodríguez a Luisa y a Roberto. Cuando salimos por *allí*, nos cambiamos de sitio con uno de los Ceratosaurios. Llegó a nuestra era. ¡Por cierto todo eso me fascina!

Pues, el profesor se va y regresa a su laboratorio en el sótano. Tiene muchos datos nuevos para estudiar. La conmoción alrededador de la casa ya no le interesa a este gran sabio.

Luisa mira su reloj. Son las siete menos diez. Está cansada de estos viajes através dcl ticmpo. Pero, sin embargo, es un sábado por la tarde.

—Con permiso, Señor, pide Luisa al policía, ¿podemos salir? Creo que el peligro ya ha pasado.

El policía hace señas de que sí con la cabeza.

En seguida, Luisa toma la mano de Roberto y salen de la casa.

—¡Hasta la vista!, Mamá!

Luisa y Roberto pasan entre los coches de la policía. Ven el coche de Roberto, todavía aparcado delante de la casa.

—Vamos al cine, dice Luisa al policía que está de pie delante del coche. Y no queremos llegar con retraso.

ACTIVIDADES DE LA SÉPTIMA PARTE

A. *Antes de ir al cine, conteste estas preguntas, por favor. ¡Gracias!*

1. ¿Qué hacen los tres policías en el césped?
2. ¿Por qué bajan sus armas?
3. Según el policía, ¿Qué pasa?
4. ¿Dónde está el monstruo verde?
5. Según el profesor Rodríguez, ¿por qué apareció el dinosaurio en Santa Alma?
6. ¿Y por qué desapareció este dinosaurio?
7. ¿Qué cosa ya no interesa al profesor Rodríguez? ¿Entonces qué hace?

8. ¿Qué hora es?

9. ¿Ahora dónde encuentra Roberto su coche?

10. ¿Adónde van Luisa y Roberto?

B. *Busque el contrario de cada frase.*

1. El monstruo es *invisible*.

2. Los policías *levantan* sus armas.

3. El dinosaurio *partió* por delante de los policías.

4. Este cuento es *aburrido*.

C. *El mundo de los ejemplos*

1. Hable de los gestos que hacen los policías.

2. Haga una lista de grandes incendios.

D. *Bueno, ¿Qué dice usted?*

1. Su amigo/amiga tiene una máquina del tiempo y le invita a viajar a través del tiempo. ¿Adónde... ee... *cuándo* va usted? ¿Por qué?

2. Invente otro aparato fantástico. ¿Qué hace este aparato?

Aventuras en Internet

1. *Los dinosaurios:*
   http://www.dinosaurios.net/

2. *un museo de dinosaurios en Argentina:*
   http://mx.geocities.com/sanluisturismo/dinosaurios_
   teropodos.html

3. *viajar en el tiempo:*
   http://spaceplace.jpl.nasa.gov/sp/kids/phonedrmarc/2003_
   may.shtml

4. *una mapa central de Nuevo México:*
   http://www.heartnm.com/spanish/map.html

✳ ✳ ✳

La familia Rodríguez se parece a muchas familias, ¿verdad? Sin embargo, la próxima familia es más rara todavía.

El Primo Raúl

La Primera Parte

Breve Lista de Vocabulario

aullar	—cuando grita, el lobo aulla
nunca	—en ningún momento; contrario: siempre
el cuñado	—el esposo de la hermana
sueña (soñar)	—pensar en algo o alguien mientras duerme: imaginarse algo que no es cierto
el sobrino	—el hijo de la hermana (o del hermano)
el ataúd	—la caja donde yace un cadáver
el aduanero	—el empleado que trabaja en la frontera entre dos países

La familia Sangrerojo vive en la ciudad de los Ángeles en California. Es una familia muy extraña. Los vecinos dicen que los Sangrerojo no son de ninguna manera como la gente ordinaria.

—Le digo a usted francamente que todo es rarísimo en este apartamento, dice la Señora Lasorda, que vive también en el edificio. Toda la familia se queda en el apartamento durante el día. Y por la noche, ¡Dios mío, qué ruidos! Tienen un perro que aulla y aulla, es un perro muy grande por cierto. Sin embargo yo no veo nunca a este perro. ¡Ah, sí! ¡Es una familia muy rara!

Un día, la Señora Sangrerojo recibe una carta de su hermana en México. De hecho la carta llega al piso inferior del edificio. La Señora Sangrerojo encuentra la carta después de la puesta del sol. La Señora Sangrerojo lee estas palabras en la carta:

Muy querida Calíope,

Toda la familia está muy bien. Las noches aquí en el campo son hermosas como de costumbre. ¿Cómo está tu familia? Ahora, León, tu cuñado, corre por el bosque. ¡Ah! León aulla como un lobo pequeño!

¿Por qué viven ustedes en la ciudad? Deberían vivir en el campo como nosotros. Tenemos pocos vecinos aquí. En Los Ángeles hay demasiadas personas curiosas, lo sabes bien.

Sin embargo, discúlpame, Calíope. Te escribo siempre demasiado, pero, en realidad, nuestro pequeño Raúl no está bien. No está contento de su condición. Hay un especialista en Los Ángeles que ofrece un tratamiento para la gente como Raúl. Pues, sueña desde hace mucho tiempo con visitar tu familia. Dime si puedes invitar a tu pequeño sobrino a pasar unas semanas con vosotros.

Come lo sabes bien, hay un inconveniente a propósito del viaje. Raúl tiene que viajar en ataúd. Yo sé que hay autobuses de lujo durante el día, pero tu sabes mejor que yo como arreglar estas cosas. ¿Es posible recibir un ataúd de México sin que alguien haga muchas preguntas en California? No queremos atraer la curiosidad de los aduaneros. Creo que hay camiones que pasan fácilmente la frontera todos los días, ¿verdad?

¡Bueno! Da muchos besos a tu querido Gilberto, a mi sobrina Carlota y a mi sobrino Esteban de mi parte. Y diles también que yo voy a enviarles unos regalos muy bonitos con Raúl. Bueno, querida hermana, espero tu respuesta. Con mucho cariño,

Yolanda.

ACTIVIDADES DE LA PRIMERA PARTE

A. *No, no hay hechizo para ayudarle a usted. Tiene que contestar estas preguntas.*

1. Los vecinos dicen que la familia Sangrerojo es extraña. ¿Por qué?
2. ¿Los Sangrerojo tienen un perro?
3. ¿Quién es Yolanda?
4. ¿Dónde vive la hermana de la Señora Sangrerojo?
5. ¿Quién es León?
6. Según Yolanda, ¿cuáles son las dificultades que tienen los Sangrerojo en Los Ángeles?
7. ¿Quién es Raúl?
8. ¿Por qué Raúl quiere viajar a Los Ángeles?

9. ¿Cuáles son las dificultades para que Raúl viaje a Los Ángeles?
10. ¿Qué personas forman la familia Sangrerojo en Los Ángeles?

B. *¿VERDADERO o FALSO? Si la frase contiene un error, ¡corríjalo!*

1. La familia Sangrerojo parece ordinaria como las otras familias de Los Ángeles.
2. Durante el día, la familia Sangrerojo queda en el apartamento.
3. La hermana de la Señora Sangrerojo vive en España.
4. El esposo de la hermana de la Señora Sangrerojo se llama León.
5. Raúl es el hijo de la Señora Sangrerojo.
6. Gilberto es el esposo de la Señora Sangrerojo.

C. *Para cada frase escriba otra frase que diga lo* **contrario**:

1. La Señora Sangrerojo envía una carta.
2. El apartamento de los Sangrerojo está *en el piso inferior*.
3. *Al amanecer* el señor Sangrerojo se levanta de su cama.
4. Esteban Sangrerojo es muy hermoso.

D. *Bueno, ¿Qué dice usted?*

1. ¿Qué detalles del cuento nos muestran que la familia Sangrerojo no es como las otras?
2. Haga una lista de los detalles de la familia de la hermana de la señora Sangrerojo.

La Segunda Parte

Breve Lista de Vocabulario

alojar	—invitar a alguien a quedarse en la casa de uno
un hombre lobo	—un hombre que se transforma en lobo cuando hay luna llena
yacer	—estar echado (como un cadáver enterrado)

una bruja	—una mujer que se ocupa de asuntos sobrenaturales
la puesta del sol	—cuando el sol desaparece hacia el oeste
un e-mail	—un correo electrónico
Nahuali	—esta palabra pertenece al idioma hablado por los indios mexicanos, *nahualli* significa "en mi piel" o "hombre lobo"

La Señora Sangrerojo le pide a su esposo permiso para alojar a su sobrino. Cuando el esposo es hombre lobo, éste tiene que aprobar cualquier acto, ¿no? Entonces, la señora busca una manera práctica para arreglar el viaje.

Bueno, piensa, Raúl tiene que quedarse en su ataúd durante el día. Por la noche, durante la puesta del sol, Raúl sale. En realidad, **tiene que** salir, ya que es esencial para él. Cierto, con autobús viajar es imposible. Raúl tiene que viajar en avión, en un vuelo de día. Y mis niños y yo, vamos a ir en taxi al aeropuerto para buscar su ataúd. ¡Bueno! Ahora tengo un plan.

¡Ah, un momentito! ¿Cómo recibir un ataúd de México? Sobre todo un ataúd con un ser vivo dentro. La Señora Sangrerojo busca una explicación apropriado.

—¡Ah, ya lo sé! se dice la Señora Sangrerojo. Y le escribe inmediatamente a su hermana.

Muy querida Yolanda,

Estamos contentos de recibir a Raúl. En cuanto al inconveniente, como tú dices, tengo una idea.

Raúl tiene que viajar en avión. Es más rápido que en autobús, o en un autobús de lujo. Tienes que traer su ataúd al aeropuerto— con Raúl dentro. Diles a los empleados que es un asunto de familia.

En cuanto a mí, voy a decir a los funcionarios aquí en Los Ángeles que estoy esperando el cadáver de mi tío viejo, muerto en México. Conozco a alguien para que haga la documentación necesaria.

¡Cuidado! Dile a Raúl que no salga del ataúd hasta que escuche mi voz. ¡Normalmente no se ven resurrecciones aquí en California!

¡Bueno! Ahora te toca a ti, querida mía. Envíame un e-mail con los detalles del viaje.

¡Besos de mi parte a toda tu familia por allí!

Calíope

Durante los días siguientes, la Señora Sangrerojo se encarga de obtener los documentos para enterrar a su <<tío>>. La señora es bruja y, si es necesario, puede fácilmente salir de la casa durante el día.

Finalmente tiene todos los papeles obligatorios en regla. La señora conoce también a un vecino que es chófer de taxi. El señor está de acuerdo para ir a buscar una <<caja>> al aeropuerto. *Una caja* es menos alarmante que *un ataúd*, ¿no?

Unos días más tarde, la Señora Sangrerojo recibe este e-mail:

CALÍOPE, RAÚL LLEGA EL 14 DE JUNIO. VUELO NÚMERO 342 A LAS 7 Y MEDIA DE LA TARDE. BESOS DE MI PARTE, YOLANDA NAHUALI.

¡A las siete y media de la tarde! piensa la Señora Sangrerojo. *¡Es bastante tarde!*

La señora busca en su ordenador para ver si hay otro vuelo más temprano. Sin embargo, pocos vuelos aceptan un ataúd. Raúl va a llegar solamente una hora antes de la puesta de sol.

ACTIVIDADES DE LA SEGUNDA PARTE

A. *Para usted, la manera más prática de mostrar que entiende este cuento es contestando estas preguntas.*

1. ¿Cómo es el esposo de la Señora Sangrerojo?
2. ¿Cuándo tiene Raúl que salir de su ataúd?
3. ¿Cuáles son los medios de transporte más típicos para viajar desde México hasta Los Ángeles?
4. ¿Cuál es la manera de viajar más prática para Raúl? ¿Por qué?
5. ¿Qué dificultad puede haber con el ataúd?
6. ¿Qué explicación la Señora Sangrerojo va a dar a los funcionarios?
7. ¿Qué debe escuchar Raúl antes de salir de su ataúd?
8. ¿Cómo va la Señora Sangrerojo a traer el ataúd desde el aeropuerto?
9. ¿Qué le dice la Señora Sangrerojo al taxista que va con ella al aeropuerto? ¿Por qué ?
10. ¿Cuándo llega Raúl? ¿Con qué vuelo? ¿A qué hora?
11. ¿Por qué la hora del vuelo no le gusta a la Señora Sangrerojo?
12. ¿Por qué Raúl no viaja en otro vuelo?

B. *Busque el contrario de:*
    1. muerto
    2. inteligente
    3. extraño
    4. aburrido
    5. más temprano
    6. el día antes

C. *¡Qué barbaridad! A Yolanda le cae la carta y todas las letras se mezclan. ¿Puede usted primero poner las palabras en orden, y luego toda la frase?*

    Aquí tenemos las palabras:
    1. et
    2. ívone
    3. im
    4. ramenha
    5. enobu
    6. roma
    7. cumho
    8. daquire

    Bueno, ¿Cuál es la frase?

D. *¡Le toca a usted!*
    1. ¿Cree usted en los hombres lobos? ¿Por qué? Haga una lista de seres fantásticos.
    2. En este cuento hay un hombre *lobo*. Sin embargo, hay también otros seres que se transforman, hombres *gatos*, por ejemplo. Busque otros.
    3. La Señora Sangrerojo va a arreglar el viaje de Raúl. ¿Qué dificultades tiene la señora?
    4. Desempeñe el papel de la Señora Sangrerojo. Pídale a su vecino el taxista ir con usted al aeropuerto. Busque a un voluntario para desempeñar el papel del chófer.
    5. Dé nombres de aeropuertos.

La Tercera Parte

Breve Lista de Vocabulario

llegar con retraso	—llegar después del tiempo previsto
procedente de	—que viene desde
difunto/difunta	—muerto/muerta
el sol se pone	—el sol desaparece al oeste

¡Hace mal tiempo! Hace frío y llueve un poco. La Señora Sangrerojo y sus dos hijos, Carlota y Esteban, están en el aeropuerto. Están esperando la llegada de Raúl. El taxista, incómodo, espera con ellos.

Todos los vuelos llegan con retraso porque hace mal tiempo. Son las siete y diez, las siete y cuarto, finalmente las siete y veinte.... A las ocho menos cuarenta, hay un anuncio:

—¡Señoras y Señores, por favor! El vuelo número trescientos cuarenta y dos procedente de México, tiene un retraso de veinte minutos. ¡Gracias!

—¡Diablos! dice la Señora Sangrerojo.

Lleva en su bolsillo un pequeño cuaderno de bruja. Dentro tiene informaciones astrológicas y astronómicas. Busca la hora exacta de la puesta del sol: ¡Las ocho y treinta y seis de la noche! Bueno, el avión llega a las ocho y cinco. ¡No va a quedar mucho tiempo!

La Señora Sangrerojo piensa que debe dibujar un símbolo mágico para avanzar la llegada del avión. ¡Ay! No puede: hay mucha gente por todas partes.

La hora pasa. Son las ocho menos diez, menos cinco, las ocho en punto, y todavía no llega el avión. Finalmente, a las ocho y cinco, hay otro anuncio:

—El vuelo número trescientos cuarenta y dos procedente de México aterriza ahora. Desembarca por el puerto treinta y nueve.

El avión se dirige hacia el desembarque. Después de unos minutos, los pasajeros llegan en la sala para recoger sus maletas. Un poco más tarde, las maletas llegan también. ¿Dónde está el ataúd? La Señora Sangrerojo habla con un empleado.

—Discúlpeme, Señor, dice con cortesía. Espero una caja. ¿Dónde puede estar?

—La carga baja del avión al final, Señora. Pues, hable con un oficial comercial.

La Señora Sangrerojo vuelve a su lugar en frente de la ventana grande que da a las pistas. Mira su reloj: ¡son las ocho y veinticinco!

Finalmente, ve el ataúd que baja del avión con muchas otras cajas. Toda la familia corre hacia el oficial comercial con el taxista.

La Señora Sangrerojo ve que el ataúd ha llegado. Está detrás del mostrador. Con los niños, la señora da un paso por detrás del mostrador. *¡Toc, toc, toc... toc, toc... toc, toc, toc!* La señora golpea el ataúd. Es una señal para Raúl.

—¡Raúl! dice Carlota. ¡Quédate aquí dentro durante unos minutos más! Estamos todavía en el aeropuerto.

Sin embargo, en este momento llega otra familia. El padre mira a la Señora Sangrerojo que está golpeando el ataúd.

—¿Quién es usted, Señora? pregunta el señor, enojado.—¿Y qué hace usted aquí con mi pobre tía difunta?

—¿Cómo? grita la Señora Sangrerojo.

Mira la etiqueta en el ataúd. ¡Ah! Por supuesto, Raúl no está dentro y se disculpa de prisa.

Después de pocos minutos, llega otro ataúd. En este momento, el sol se pone. La Señora Sangrerojo ve que el ataúd se agita. Le doy la señal à Raúl. Le dice a su sobrino que él debe esperar un poco. Pero cuando el sol se pone, un vampiro tiene que salir de su ataúd. Raúl gruñe y sufre dentro.

El taxista llega detrás de la Señora Sangrerojo. Mira su <<caja>>.

—¿Ésta es su caja, Señora? ¡Qué barbaridad! Es un ataúd! ¿Hay un difunto dentro? ¿Usted se imagina que yo lleve un ataúd en mi taxi? ¡Nunca!

—¡Silencio, viejo sapo! grita la Señora Sangrerojo, enojada. La señora agarra un cordón. ¡Ayúdame!

El taxista tiene miedo de la Señora Sangrerojo. Hace lo que dice la señora. En este momento llegan unos funcionarios. Le dicen a la Señora Sangrerojo que el ataúd tiene que pasar la aduana.

—¡Qué tontería, Señores! Es absurdo! ¡Mi pobre tío está más que muerto!

—Bueno, no va a molestar al difunto si debe esperar todavía un poco, ¿verdad?

ACTIVIDADES DE LA TERCERA PARTE

A. *Toc. Toc, toc, toc. ¿Quién es? ¡Son unas... preguntas!*

1. ¿Qué tiempo hace aquella tarde cuando llega Raúl?
2. ¿A qué aeropuerto va la familia Sangrerojo?
3. ¿Los aviones aterrizan a la hora prevista?
4. ¿Cuántos minutos de retraso tiene el vuelo de México?
5. ¿A qué hora se pone el sol?
6. ¿Por qué importa la hora de la puesta de sol?
7. ¿Cómo la Señora Sangrerojo puede avanzar la hora de la llegada del avión? ¿Por qué no hace eso?
8. ¿Adónde llegan los pasajeros?
9. ¿Dónde está la carga?
10. ¿Qué error hace la Señora Sangrerojo?
11. ¿Por qué gruñe Raúl?
12. ¿Qué dice el taxista cuando ve la <<caja>>?

B. *¡Caramba! ¡Hay unos agujeros en estas frases! Busque las palabras que faltan.*

1. La Señora Sangrerojo y sus niños están en _____ Internacional de Los Ángeles.
2. Porque _____ tan mal _____, todos los _____ tienen un retraso.
3. La Señora Sangrerojo _____ de su bolsillo un pequeño _____ de bruja.
4. El avión _____ hacia la zona de _____.
5. La _____ baja del avión la _____.

C. *El mundo de los ejemplos*

1. *¡Qué mal tiempo!* Busque ejemplos de diferentes cambios climáticos.
2. *Le doy la señal a Raúl.* Haga una lista de posibles señales.
3. Busque ejemplos de varias horas mencionadas en el cuento.

D. *¡Le toca a usted!*

1. Usted es Raúl y está en el ataúd. Hable de sus ideas, de sus pensamientos cuando está esperando a su tía.
2. Usted es el señor que espera el ataúd con la tía. Hable de sus pensamientos sobre la Señora Sangrerojo.
3. *El taxista tiene miedo de la Señora Sangrerojo.* Y usted, ¿De qué tiene miedo? ¿Y por qué tiene miedo? Escriba unas frases que empiezen con *Tengo miedo de...* .

La Cuarta Parte

Breve Lista de Vocabulario

la aduana	—una administración oficial que comprueba y controla la carga y los viajeros que entran en un país
vacilante	—incierto, con duda
formal	—que tiene educación; serio
murió	—morir (pretérito), contrario de vivir
mecánicamente	—automáticamente
batir las palmas	—hacer ruidos con la parte interior de las manos
agarrar	—tomar fuerte, apretar, sostener
rechazar	—resistir, no aceptar, tirar

Los empleados ponen el ataúd en una pequeña carreta con otra carga y se dirigen a la aduana. La Señora Sangrerojo y sus niños corren detrás de ellos. Vacilante, el taxista sigue detrás.

En la aduana, el aduanero es formal. Quiere inspeccionar el ataúd.

—Es parte de nuestra batalla contra el narcotráfico. Con permiso, señora.

—¡Nunca! grita la Señora Sangrerojo. Mi pobre tío murió hace muchos años. Usted no debe molestar al pobre hombre.

—Tengo la obligación de establecer seguridad en las fronteras americanas, señora.

Entonces, la Señora Sangrerojo hace unos gestos mágicos con las manos. Hay un *¡puf!* de polvo amarillo, y el aduanero se muestra predispuesto a hacer lo que le sugiere la Señora Sangrerojo.

—Todo está bien, dice la Señora Sangrerojo con su voz de bruja.

—Todo está bien, repite, mecánicamente, el aduanero.

—Entre en California con este ataúd.

—Entra en California...

—¡Pues, no! ¡Entre!

—¡Oh, discúlpeme, por favor! Entre en California con este ataúd.

La Señora Sangrerojo toma el sello de la mano del aduanero. Sella los documentos oficiales. Entonces le da al aduanero los documentos. Finalmente, bate tres veces las palmas.

El aduanero parece un poco confuso. Mira a la Señora Sangrerojo y luego mira los documentos.

—¿Hay otra cosa, señor, o podemos partir ahora? pregunta la Señora Sangrerojo.

—Pero... ee... sí, señora. Sus documentos están en orden, dice el aduanero despacio.

Detrás del mostrador, el ataúd hace un movimiento. Raúl ya no duerme. ¡Quiere salir del ataúd inmediatamente!

La Señora Sangrerojo, Carlota y Esteban agarran los cordones del ataúd. Dejan la caja grande en una carreta de aeropuerto.

El taxista les espera en la salida.—Señora, ¡lo rechazo! dice. —¿Un ataúd en mi taxi? ¡No, no, y pues no! ¡Nunca!

—¡*Aaarrr*! ¡*Rau-u-u-rrr*! dice Raúl adentro de su ataúd.

—¿Qué es eso? pregunta el taxista.

—No es nada, señor, contesta la Señora Sangrerojo. Fija sus ojos con los del taxista. El pobrecito se cae bajo su influencia mágica.— Subamos rápidamente en el taxi.

—Muy... muy bien, Señora.

No es fácil en el taxi. El taxista, Carlota, Esteban y la Señora Sangrerojo están en el asiento delantero. Detrás, hay el ataúd. Una parte del ataúd sale por la ventana.

En las calles hay muchísimos coches. El taxi se para a menudo en los semáforos. Raúl hace muchos ruidos en su ataúd.

—¿Vamos a qué cementario, Señora? pregunta el taxista inocentemente.

—¡No vamos a ningún cementario, idiota! grita la Señora Sangrerojo. Regresamos en nuestro apartamento.

—¡No me lo diga, Señora! ¿Qué tiene la intención de hacer con su tío difunto?

—Tenemos otra cama para él. Regresemos, por favor. ¡Y de prisa!

El taxista ya no dice nada. Maneja en silencio. Cuando para el coche delante del edificio, hay peatones que les miran con gran curiosidad. Les toca a la Señora Sangrerojo y a sus niños de bajar el ataúd del taxi, también tienen que subir la caja al apartamento. El Señor Sangrerojo no puede ayudar a su familia. Ahora es lobo.

El taxista está muy contento cuando dice <<adiós>> a esta familia extraña.

ACTIVIDADES DE LA CUARTA PARTE

A. *¡No me diga! ¡No es posible! Un empleado no entiende nada, pero cuenta lo que pasa en el aeropuerto. Rectifique estas frases.*

1. Los empleados ponen el ataúd en una carreta especial.
2. El aduanero mira el ataúd, pero no hace ninguna pregunta.
3. El aduanero tiene que proteger a su país contra el tráfico de vinos que llegan de la Argentina.
4. Hay un *¡puf!* de polvo rojo.
5. El aduanero sella los documentos oficiales.
6. Durante este tiempo, el ataúd no hace ningún movimiento.
7. El chófer de taxi pone el ataúd sobre el techo de su coche.

B. *Busque el contrario:*

1. confundido
2. en orden
3. el asiento trasero
4. la entrada

C. *Una Sopa de Bruja—¡Qué Juego!* Prepare una sopa de bruja con los ingredientes presentados aquí. Escoja una palabra de la cuarta parte. Escriba un guión para cada letra de su palabra. Busque un adversario. El adversario debe adivinar una letra. Si la adivina, ponga la letra sobre el guión apropriado. ¡Si no, ponga un ingrediente en la marmita! Tú ganas cuando tiene todos los ingredientes en la marmita. Su adversario gana cuando adivina todas las letras.

Aquí tenemos los trece ingredientes:

piernas de cucaracha	telaraña	aguijón de abeja
cabeza de serpiente	cola de lagarto	alas de cigarra
ojos de mosca	patas de saltamontes	dientes de ratón
orejas de rata	antenas de escarabajo	
saliva de caracol	lengua de mariposa	

D. *¡Le toca a usted!*

1. ¿Cuáles son las fronteras de California? ¿Cuáles son los estados que quedan al lado de estas fronteras? ¿Cuáles son las fronteras de los Estados Unidos? ¿Cuáles son las fronteras de México?
2. ¿Qué buscan los aduaneros en las maletas de los viajeros?
3. Usted entra en México. Invente su conversación con un aduanero. Busque a un voluntario para que haga de aduanero. Presente su conversación delante de la clase.

La Quinta Parte

Breve Lista de Vocabulario

una consulta	—una visita a alguien (un médico, por ejemplo)
un lagarto	—*por ejemplo:* una iguana; un reptil
un hechizo	—una palabra de brujería
la nébeda	—*Nepeta cataria*, hierba estimulante que les gusta mucho a los gatos
infeliz	—triste, desgraciado

Después de muchos esfuerzos, el ataúd está finalmente en el piso del comedor del apartamento de los Sangrerojo. La Señora Sangrerojo abre de prisa el ataúd y sale Raúl. El primo Raúl no está bien.

—Buenas noches, Raúl, dice la Señora Sangrerojo.

—*Raaaarrr!* dice Raúl, con los ojos completamente rojos.

Raúl trae un traje negro, una camisa blanca elegante y una capa negra muy larga. Es un traje tradicional para los vampiros. Sin decir nada, Raúl sale por la ventana.

—Tiene hambre, el pobrecito, dice la Señora Sangrerojo. —Se va a buscar a una víctima.

Por la mañana, cuando entra la Señora Sangrerojo en el cuarto de Raúl, el ataúd está cerrado. Raúl duerme. La Señora Sangrerojo llama por teléfono al médico especialista que ofrece los tratamientos anti-vampíricos. Le pide al médico una consulta para esta misma noche.

—Nuestro querido Raúl no está contento con su condición de vampiro, doctor, dice la Señora Sangrerojo. Quiere una transformación.

El sol se pone al oeste. Es de noche. Raúl sale del ataúd. Está de buen humor. La familia Sangrerojo está con él en el cuarto.

—Vas a ir al médico a las nueve, Raúl, dice la Señora Sangrerojo.

—¡Muchas gracias, Tía Calíope!

—¿Dónde están nuestros regalos, Primo Raúl? pregunta Esteban.

Raúl saca dos paquetes del ataúd para los niños. Esteban recibe un lagarto amarillo muy lindo y Carlota una pequeña muñeca mágica. Raúl tiene también un libro de hechizos para su tía, y para su tío, un paquete de nébeda, una hierba muy especial. Todos saben que les gusta mucho esta hierba a los gatos, pero les gusta mucho a los hombres lobos también.

A las ocho y cuarenta, Raúl sale para ir al médico. Cuando regresa, mucho más tarde, está muy, muy contento. El médico puede ayudar al pobre vampiro infeliz.

Después de tres semanas de consultas, Raúl ya no es vampiro. Ahora prepara su regreso a México. La Señora Sangrerojo le envía un e-mail a su hermana:

Querida Yolanda,

¡Tu hijito ya no es vampiro! Sí, es verdad. ¡Ah, la medicina moderna! Este médico es excellente.

Voy a enterrar el ataúd en el cementerio cerca de nuestro apartamento. Hay un vecino que es taxista. Va a ayudarnos con este proyecto.

Raúl regresa a casa en autobús de lujo. Ya no se queda dentro de esta caja terrible durante el día. Ahora, Raúl es como todos los otros hombres de nuestra familia. Sí, Yolanda, tu Raúl ya no es vampiro: ¡es finalmente hombre lobo!

Muchos besos,

Calíope

ACTIVIDADES DE LA QUINTA PARTE

A. *Raúl regresa a casa en México. Mientras que Raúl se divierte en el bosque, usted puede contestar estas preguntas.*

1. ¿Cómo está Raúl cuando sale del ataúd? ¿Cómo le va?
2. ¿Qué trae Raúl? ¿Por qué?
3. ¿Adónde va Raúl cuando sale del ataúd? ¿Por qué?
4. ¿Cuándo es la consulta con el médico?
5. ¿Cuándo sale Raúl del ataúd?
6. ¿Cuáles son los regalos que Raúl ofrece a su familia?
7. ¿Cuánto tiempo pasa Raúl en Los Ángeles?
8. ¿Cómo regresa Raúl a México?

9. ¿Qué va a hacer la Señora Sangrerojo con el ataúd de Raúl?

10. ¿Cuáles son los resultados de los tratamientos anti-vampíricos?

B. *Juego de vocabulario*

1. Cuando usted no está de buen humor, está de

   _____.

2. Miramos el techo por encima de nuestra cabeza, pero
   marchamos en el _____.

3. ¿Qué hora es? El reloj numérico muestra <<21:00>>. Bueno,
   ¿cómo se dice esta hora de otra manera? _____. ¿Y
   cuándo el reloj muestra <<20:40>>?_____.

C. *¡Busque la pregunta! Sírvase de* **dónde, cómo, quién** *o* **a
   quiénes**.

1. Está en el comedor, en el piso.

2. Sale de prisa del ataúd.

3. Son completamente rojos.

4. Por la ventana.

5. La Señora Sangrerojo llama por teléfono al médico.

6. Les gusta esta planta a los hombres lobos.

D. *¡Le toca a usted!*

1. Tiene esta opción: ser vampiro o ser hombre lobo. ¿Qué prefiere
   usted? ¿Por qué?

2. Usted llega a ser hombre lobo. ¿Qué inconvenientes tiene eso? ¿Y
   qué ventajas? Y si usted llega a ser vampiro?

Aventuras en Internet

1. *los aeropuertos*
   todo sobre el aeropuerto de Los Ángeles:
   http://www.lawa.org/lax/laxframe.html
   y todo sobre el aeropuerto de la ciudad de México:
   http://www.aeropuertosmexico.com/

2. *unos vuelos*
   ¿Usted quiere ver los detalles de unos vuelos por AeroMéxico?
   http://www.aeromexico.com/mex/spanish/index.html
   http://194.51.211.10/internat/depart.htm

3. *los hombres lobos*

¿Qué quiere usted saber de los hombres lobos? Busque en esta
página de Internet:

http://es.wikipedia.org/wiki/Hombre_lobo

∗ ∗ ∗

*¡Bueno! ¿Usted tiene tiempo para un cuento que va a ponerle la piel de
gallina? Es un cuento sobre una bestia increíble en una parte muy salvaje
de México. ¡Cuidado! ¡No lea este cuento cuando usted esté solo/sola!*

Huellas de lobo, huellas de hombre

La Primera Parte

Breve Lista de Vocabulario

Sierra Tarahumara	—una región de montes, barrancos y arroyos en el estado mexicano de Chihuahua; es una región salvaje muy alejada de las grandes ciudades del país
Creel	—población al suroeste de Chihuahua, situada a la entrada a la región de la Sierra Tarahumara.Es la última población antes de llegar a los barrancos
Chínipas	—pueblo minero de la Sierra Tarahumara, alejado de otros pueblos

En México, en el estado de Chihuahua, hay una región de montes que se llama La Sierra Tarahumara. Es una región salvaje, atravesada por barrancos, arroyos y bosques de encinas y pinos. Esta parte de la Sierra Madre Occidental cubre unos 59,874 kilómetros cuadrados. Aquí viven los indios de Tarahumara desde siempre.

Retrocedemos hasta el año 1517. Francisco Hernández de Córdoba explora las costas de Yucatán. Y desde este año, los españoles vienen cada vez más numerosos hacia el Nuevo Mundo. Los españoles que llegan son exploradores, soldados, mercaderes, misioneros y—hecho poco conocido—algunos de ellos son incluso hombres lobos.

Las culturas indias nos hablan de muchos monstruos, pero no conocen exactamente los hombres lobos de sus leyendas. Estos seres son de Europa.

Claro, los hombres lobos no pueden vivir durante mucho tiempo entre los otros hombres. Poco a poco se revelan y los otros les matan. Pero los hombres lobos son inteligentes. Se apartan de las regiones donde hay mucha gente y se instalan en las regiones salvajes—como La Sierra Tarahumara.

Con el paso de los siglos, la gente de la ciudades se olvida de estos monstruos y ya no creen en ellos. Sin embargo, los campesinos de las regiones alejadas no se olvidan de ellos. Esta gente nos parecen supersticiosa, pero saben lo que saben. En cuanto a los hombres lobos, hoy en día son muy raros, pero existen todavía.

Y, en uno de los pueblos de estos campesinos, empieza nuestro cuento.

Los campesinos que viven en Chínipas son, en su mayoría, descendientes de los indios tarahumaras. Mejor, son tarahumaras. Y entre ellos viven unos descendientes de mineros españoles también. Éstos son personas vigorosas e independientes. Viven en la naturaleza, entre montes y bosques magníficos.

Chínipas está a unos tres cientos kilómetros de Creel. El ferrocarril Chihuahua-Pacífico llega a Chínipas desde Creel. En Creel está su centro de dirección más próximo, una pequeña oficina. Es un viaje muy difícil que el viajero tiene que hacer entre montes para llegar a Chíniapas.

Los campesinos de Chínapas no tienen tiempo para charlar, para leer o para escribir. Trabajan mucho, de sol a sol. Luchan por sobrevivir en una situación durísima. Naturalmente, los campesinos no están al corriente de los nuevos avances científicos. Naturalmente tienen ideas y supersticiones que nos parecen anticuadas. Por ejemplo, creen en los hombres lobos.

¿Qué? ¿Usted sonríe? ¡Díga a los campesinos de Chínapas que los hombres lobos no existen! Ellos saben la verdad.

ACTIVIDADES DE LA PRIMERA PARTE

A. *Nosotros no creemos en los hombres lobos, ¡sin embargo creemos en preguntas!*

1. ¿Cómo es la región de La Sierra Tarahumara?
2. ¿Cuáles son algunas ciudades grandes de México?
3. ¿Qué tipo de persona llega con los españoles?
4. ¿Por qué los hombres lobos se apartan de las regiones donde hay mucha gente?
5. ¿Dónde viven los hombres lobos hoy en día? ¿Son numerosos?

6. ¿Cómo se puede viajar desde Creel hasta Chínipas?

7. ¿Cómo es la gente de Chínapas?

8. ¿De qué cosa la gente no está al corriente?

9. ¿En qué creen todavía los campesinos de Chínapas?

B. *Busque el contrario de cada frase.*

1. Las leyendas de los hombres lobos son de los *indios*.

2. Creel está *al norte* de Chihuahua.

3. *Una autopista modernísima* atraviesa la región salvaje de La Sierra Tarahumara.

4. La gente de Chínapas vive en *el desierto*.

5. Los campesinos no están al corriente de *las leyendas indias*.

C. *El mundo de los ejemplos*

1. Busque ejemplos de *montes* y *desiertos*. Anote los países donde hay montes y desiertos.

2. Dé ejemplos de regiones salvajes y apartadas de las grandes ciudades.

3. Busque ejemplos de ideas anticuadas.

D. *¡Le toca a usted!*

1. ¿Qué sabe usted de los hombres lobos? Cuéntenos una leyenda.

2. ¿Cómo se diferencia la vida de los tarahumaras de la suya?

La Segunda Parte

Breve Lista de Vocabulario

ir de caza	—buscar animales salvajes para matarlos
una cabaña	—una pequeña casa rústica de construcción sencilla en el bosque
la piel	—la membrana que cubre el cuerpo del hombre y de los animales
lanzar una mirada	—echar un vistazo
los víveres	—las provisiones
durmiente	—que duerme
un búho	—una ave predadora nocturna de grandes ojos
huelen (oler)	—exhalar un perfume, un olor
la leña	—parte de un árbol (o arbusto) que sirve para hacer fuego
el hocico	—la boca de un animal
casi	—con poca diferencia de, aproximadamente

Pedro Huichol vive en Chínapas. Es indio tarahumara. Tiene suerte porque trabaja para el ferrocarril Chihuahua-Pacífico. Cuando no trabaja, muchas veces va de caza por el bosque más cercano. Caza animales diferentes para extraer su carne y aprovechar su piel. La pequeña casa de Pedro—una cabaña de piedras—está a diez kilómetros de Chínapas. Hoy en día, Pedro pasa la mayor parte de su tiempo en el bosque. Muchas veces pasa también la noche en el bosque debajo del cielo lleno de estrellas.

Esta tarde, Pedro pone su manta cerca de un arroyo entre el bosque y la entrada de un barranco. El sol muy rojo se pone al horizonte. Pedro enciende el fuego y prepara su comida. Come una sopa de liebre con pan. Bebe un poco de agua.

Después de la comida, Pedro se queda sentado cerca del fuego. Es de noche. Y es noche de luna llena. Finalmente, Pedro pone unas piedras alrededor del fuego y lanza una mirada a sus pieles y sus víveres. Se cubre con su chaqueta vieja. Está cansado al final de un día tan largo.

Es medianoche. Pedro duerme. La luna llena ilumina el cielo con su luz blanca. Alrededor del cazador durmiente resuenan los sonidos nocturnos del bosque: los cantos de los insectos, los ruidos de los búhos y los diversos gritos de todos los otros animales que busquan víctimas o se escapan de algún ataque.

De repente, aulla un lobo, un lobo muy grande. Todos los otros sonidos se paran. Un gran silencio permanece por todas partes. El lobo aulla otra vez. En su manta, ya no duerme Pedro. Oye el lobo, él también. Piensa en sus víveres y en sus pieles que huelen todavía a animales muertos. ¡Estos olores pueden atraer al lobo!

¡Ah! El lobo aulla otra vez más. Ahora está más cerca, eso es cierto. ¡Se acerca al cazador solo! Pues, Pedro ya no puede dormir. Enciende otra vez el fuego. Saca su rifle y se sienta para esperar al enemigo.

No debe esperar durante mucho tiempo. Poco después, el ruido de un animal grande llena el bosque. Pedro pone unos troncos más de leña en el fuego. Sabe bien que a los animales no les gusta el fuego.

Hay un ruido, y Pedro ve el lobo cerca del arroyo. ¡Qué lobo! ¡Es el lobo más grande de todos los que hay en los bosques y montes de México!

El lobo mira fijamente a Pedro. Le brillan sus ojos rojos en la luz del fuego. Hace un sonido feroz. El lobo da un paso hacia el cazador.

Sin pensar, Pedro toma su rifle y dispara. ¡PUM! Dispara otra vez, una y otra vez. ¡PUM! ¡PUM! El lobo no se mueve nada. Se queda allí y aulla con fuerza. Pedro no se mueve tampoco, inmovilizado por el terror. Atemorizado, busca unos cartuchos en sus bolsillos. El lobo está todavía avanzando. Los cartuchos le caen de la mano a Pedro. El lobo salta, con su hocico abierto y sus grandes dientes listos para atacar.

Pedro mira los ojos del animal. Su último pensamiento es que los ojos del lobo parecen casi humanos.

ACTIVIDADES DE LA SEGUNDA PARTE

A. *¡Cuidado! ¡No mire los ojos del lobo! ¡Mire más bien estas preguntas!*

   1. ¿Cómo es la casa de Pedro Huichol?

   2. ¿A qué se dedica Pedro?

   3. ¿Qué come esta tarde?

4. ¿Dónde pasa Pedro la noche? ¿Cómo?

5. ¿Cómo es la noche? ¿Qué sonidos oye Pedro?

6. ¿Qué oye Pedro de repente?

7. ¿Por qué los víveres son un peligro para los cazadores?

8. ¿Qué hace Pedro cuando sabe que el lobo se acerca?

9. ¿Cómo es el lobo?

10. ¿Por qué no paran los cartuchos el lobo?

11. ¿Cómo son los ojos del lobo?

B. Busque el contrario.

1. doméstico

2. encima de

3. en ninguna parte

4. un amigo

C. Busque un sinónimo.

1. menos lejos

2. los sonidos de la noche

3. la boca de un animal

4. un río pequeño

D. ¡Le toca a usted!

1. Usted hace camping. ¿Qué pone en su mochila?

2. ¿Qué víveres se va a llevar usted?

3. Haga una lista de los animales salvajes que viven en los bosques de América del Norte.

4. ¿Cuáles de estos animales son peligrosos? ¿Por qué?

5. Imagínese que usted pasa una noche en un bosque salvaje. Explique cómo se siente.

La Tercera Parte

Breve Lista de Vocabulario

Creel
—un pueblo de la región de la Sierra Tarahumara

un indicio
—un signo aparente y probable de que existe algo

norteamericano
—una persona natural de los Estados Unidos

las Barrancos del Cobre
—una serie de cañones y arroyos en el norte del estado mexicano de Chihuahua; región muy popular entre los turistas

el andén
—el pasaje a lo largo de la vía en las estaciones de ferrocarriles

el carril   —una de las barras de hierro paralelas por
                               donde corren los vagones del ferrocarril

A las nueve de la mañana, el ingeniero Luis Hernández ya está en su oficina en Creel. La oficina del ferrocarril Chihuahua-Pacífico está todavía tranquila. Ahora el jefe, Don Rodrigo, se acerca de la oficina.

—¡Hernández! grita el jefe. ¡Míra!

El jefe pone una foto por delante del ingeniero. Es una foto de Pedro Huichol con la palabra <<Desaparecido>>.

—¿Qué es eso?

—Es uno de nuestros obreros, y ha desaparecido como los otros. En dos meses hay siete hombres desaparecidos, cuatro hombres el mes pasado y tres hombres este mes. Siete hombres, Hernández. Tengo aquí una lista de sus nombres: Vicente Huacoche, Pablo Belú, Pedro Huichol... y otros. Todos en la misma región, y tres son nuestros obreros. Hay algo que sucede a Chínapas.

—¿Hay indicios de lo que pasó?

—No, nada. Y no quiero llamar la atención a la policía. Entonces, cuento contigo, Hernández. ¡Escucha! Vete allí en seguida. Haz una investigación para ver lo que pasa.

Luis Hernández sabe que debe hacer lo que dice su jefe. Un poco antes del mediodía, pone sus cosas en su mochila, y espera en el andén cuando llega el tren turístico. Sube en un tren para viajar hacia Chínapas. En el tren, como siempre, viajan muchos turistas norteamericanos para visitar las Barrancos del Cobre.

Seis horas más tarde el tren turístico llega a Chínapas y se para. Luis Hernández salta del tren. Después de unos minutos, el tren continúa su viaje. Luis se queda solo entre los campesinos. Habla con los hombres que están en el andén.

—Pues, no es normal, Señor ingeniero, dice el viejo Marcos. Estos hombres fueron buenos cazadores, hombres que conocen muy bien la región.

—¿Fue quizá un accidente? ¿Una coincidencia? les pregunta Luis.

—¡Claro que no! No hay accidentes que suceden a siete hombres diferentes durante tan poco tiempo, dice María Nosique, esposa de un desaparecido.

Entonces, con un mapa en la mano, Luis Hernández sigue los carriles del ferrocarril y sale del pueblo. Es un poco antes de la una.

Hacia las cuatro, Luis descubre el campamento de Pedro Huichol. El campamento se parece a un campo de batalla. Se ven los pedazos de una manta. Los restos de los víveres y el contenido de la mochila están esparcidos por todas partes.

Luis Hernández examina el campamento. Busca algún indicio que explique la desaparición de Pedro Huichol. En el suelo, Luis ve unas huellas de lobo. Son las huellas de un lobo enorme.

Un poco más lejos, Luis recoge el rifle de Pedro Huichol. Ve también unos cartuchos llenos al lado del rifle. ¡Es increíble! Un cazador por aquí está siempre listo para cazar animales. No abandona nunca su rifle.

Luis da la vuelta al campamento. Descubre el lugar donde las huellas del lobo entran en el bosque. Y estas huellas dan la impresión de que el lobo lleva algo muy pesado. ¡Caramba! ¿Es un lobo que le gusta comer a hombres?

Luis Hernández saca su rifle. Sigue las huellas del lobo. A un kilómetro del campamento, descubre el cadáver de Pedro Huichol. Evidentemente un animal—el lobo, cierto—ha devorado el cadáver. Luis pone una banderita blanca en un árbol para marcar donde está el difunto. Luego, sigue las huellas.

Después de medio kilómetro, Luis ve algo muy singular: de repente desaparecen las huellas de lobo. En su lugar, hay ahora unas huellas que parecen de pies humanos, ¡las huellas de un hombre!

ACTIVIDADES DE LA TERCERA PARTE

A. *¿Quiere usted hacer una investigación sobre este lobo misterioso? Entonces, empiece con estas preguntas.*

  1. ¿Quién es Luis Hernández? ¿A qué se dedica? ¿Dónde trabaja?
  2. ¿Qué foto le muestra el jefe a Luis?
  3. ¿Cuántos hombres han desaparecidos hasta ahora?
  4. ¿Qué hay de extraño en el caso de los desaparecidos de Chínapas?
  5. ¿Cómo viaja Luis hasta Chínapas?
  6. ¿Qué tipo de pasajeros hay en el tren?
  7. ¿Por qué los campesinos no creen en un accidente?
  8. ¿Qué ve Luis Hernández en el campamento de Pedro Huichol?
  9. ¿Cómo son las huellas del lobo?
  10. ¿Encuentra Luis a Pedro Huichol?
  11. ¿Por qué son misteriosas las huellas del lobo?

B. *Busque la palabra.*

  1. alguien que vive en un pueblo
  2. signo aparente y probable de que existe algo

C. *El mundo de los ejemplos*

1. Busque ejemplos de algunos *indicios* que el ingeniero puede descubrir en el campamento de Pedro Huichol.
2. ¿Qué accidentes pueden ocurrir en el bosque?
3. Haga una lista de—por lo menos—cinco cosas pesadas.
4. Luego, haga una lista de cinco cosas ligeras.

D. *¡Le toca a usted!*

1. ¿A usted, le parece la caza un deporte emocionante? ¿Abominable? ¿Por qué? Explique su respuesta.
2. ¿Para usted, el bosque es un lugar agradable? ¿Espantoso? ¿Por qué?
3. ¿Conoce usted otros cuentos para niños que hablen de lobos malos? Dé ejemplos de ellos y cuénte sus historias.
4. Usted es periodista de un periódico mexicano, *La Crónica*. Llega a Chínapas y empieza a preguntar a los campesinos. Escriba su crónica.

La Cuarta Parte

Breve Lista de Vocabulario

transformarse	—sufrir cambios
la dirección	—personas encargadas de dirigir una sociedad o empresa
sobrenatural	—que excede lo natural: *El español no es nada sobrenatural, pero los hombres lobos, sí.*
rabioso	—que tiene la rabia
¡Cuira!	—*¡Buenos días!*, ¡Hola! (palabra tarahumara)
devorar	—comer con ansiedad espantosa
poner fin a	—terminar

Nota sobre unos verbos: Hay dos grupos—tres formas del **imperfecto**
*(*expresa una acción pasada *durativa o habitual)*

se desplazaba (<< desplazar)

estaban (estar)

iban (ir)

y dos formas del **pretérito** (expresa una acción pasada que
transcurre de forma puntual)

(yo) encontré (<encontrar)

(él, ella, usted) encontró

A su regreso de Chínapas, Luis Hernández entra en la pequeña
estación del ferrocarril. Llama por teléfono a su jefe en Creel. Le
expone su crónica. Alrededor, los campesinos escuchan curiosos.
¡Imagínese sus reacciones cuando Luis habla de las huellas de lobo que
se transforman en huellas de hombre!

—¡Qué lástima! grita Antonio, empleado de la estación. ¡Es un
   hombre lobo!

—¡Tomemos las armas! grita otro hombre. ¡Matemos a este monstruo!
Luego, todos los campesinos empiezan a hablar al mismo tiempo.
Luis Hernández les calma a todos.

—¡Tranquilícense, por favor! dice a los campesinos. La dirección del
   ferrocarril está al corriente de todo. En mi opinión, no creo que
   haya algo sobrenatural sobre el lobo. Es un lobo rabioso que ataca
   a los hombres. Me voy a quedar aquí para buscarlo y poner fin a
   sus días.

En este momento, un indio entra en la oficina. Parece inquieto.

—¡*Cuira!* dice el indio en voz baja. Es Pablito Chiqué. Su cadáver
   está afuera, le envolví en mi manta. Ha sido devorado a medias.

—¿Quién es Pablito Chiqué, Señor? pregunta Luis.

—Chiqué es un mercader de víveres errante, ingeniero, responde el
   empleado. Se desplaza—o, mejor, se *desplazaba* en tren y a pie.

—Encontré su campamento junto a la orilla de un estanque, dice el
   indio. Y todos los víveres estaban allí. Alrededor de su
   campamento, encontré huellas de lobo.

—¿Y el cadáver? pregunta Luis. ¿Dónde encontró usted a Señor
   Chiqué?

—No lejos del pueblo, Señor. Las huellas de lobo iban por el bosque,
   pero luego vi huellas de hombre. Allí, encontré el cadáver del
   pobre mercader.

Ahora, ya son cuatro hombres este mes, piensa Luis Hernández.

El terror se instala en Chínapas. Los cazadores ya no entran en el bosque. Hay muchas personas que se van a vivir en el pueblo porque tienen miedo.

Sin embargo, la luna ya no está llena. Los ataques de lobo se paran.

Durante este tiempo, Luis Hernández se queda en Chínapas. Explora la región, pero no descubre nada del lobo misterioso.

El mes pasa. La luna crece en el cielo lleno de estrellas. Luis Hernández toma la decisión: ¡va a atrapar el lobo en una trampa!

ACTIVIDADES DE LA CUARTA PARTE

A. *¡Rápido! ¡Tome una arma! Ee... discúlpeme... ¡a las preguntas!*
   1. ¿Dónde Luis Hernández llama a su jefe por teléfono? ¿Está solo?
   2. ¿Cuáles son las reacciones de los campesinos cuando oyen la explicación de las huellas de lobo?
   3. ¿Cómo explica Luis Hernández las muertes de los desaparecidos?
   4. ¿Qué lleva al pueblo el indio que entra en la estación?
   5. ¿Qué encontró el indio a las orillas del estanque?
   6. ¿ Qué huellas ha visto el indio?
   7. ¿Cuál es la reacción de la gente en Chínapas?
   8. ¿Cuándo se paran los ataques?
   9. ¿Qué decisión toma Luis Hernández?

B. *Juegos de vocabulario*
   1. En cuanto a la palabra *tranquilo*, busque un sinónimo y su contrario.
   2. ¿Cuál es el contrario de *junto a*?
   3. *Parece inquieto.* Dé el contrario de esta frase. Busque un sinónimo de *inquieto*.

C. *El mundo de los ejemplos*
   1. ¿Qué causa *terror*? Dé ejemplos.
   2. Dé ejemplos de *trampas*. ¿Qué trampas sirven para atrapar a ciertos animales?

D. *¡Le toca a usted!*
   1. ¿Cómo se explica la muerte de esos hombres de la región?
   2. Ahora, usted es periodista de televisión. Entrevístese con los campesinos, y luego con Luis Hernández. Considere sus ideas sobre esta situación del lobo misterioso.

La Quinta Parte

Breve Lista de Vocabulario

la nébeda	—una planta de olor y de sabor como la menta, con propriedades excitantes; a los gatos les gusta mucho
el huerto	—un jardín en el que se cultivan verduras y legumbres
una ramita	—una pequeña rama (parte del tronco de una planta o un árbol)
desconocido	—que no se conoce
desviarse	—salirse del camino principal; ir por otra dirección

—¿Hay unas plantas de nébeda por aquí? pregunta Luis a un obrero de la estación.

—Creo que sí, Señor Ingeniero, tengo algunas en mi huerto o en mi jardín. ¿Por qué?

—Es para atraer a los hombres lobos, responde Luis sin acento.

La noche de luna llena, Luis Hernández, ingeniero del ferrocarril Chihuahua-Pacífico, entra en el bosque salvaje cerca de un estanque. Lleva dos rifles, unas cajas de cartuchos y unas ramitas de nébeda.

Cuando llega al sendero que lleva al bosque profundo, un indio aparece.

—Lleve esto, Señor Ingeniero, dice el hombre. Le da a Luis cinco cartuchos de plata. Son para matar a los hombres lobos. Los cartuchos ordinarios no sirven para nada.

Luis le da las gracias al hombre desconocido.

—Le devolveré estos cartuchos a mi regreso.

Luis sigue caminando por el sendero. Ya es el fin de la tarde.

* * * *

Un tal Alberto Dochique está en el bosque también. Ha ido de caza. Ahora regresa a su casa por el sendero del norte. Este sendero no llega al estanque. Por el camino, se desvía un poco para recoger unas bayas. No conoce el lugar.

Mientras Alberto come las bayas, él lanza una mirada alrededor. ¡Ah! ¿Qué es eso? Bajo unos arbolitos ve las ruinas de una cabaña.

Alberto saca su rifle y entra en la cabaña. Primero, no ve nada interesante. Sin embargo, sus ojos se adaptan a la obscuridad de la habitación única, y descubre una piedra llana en el suelo.

¿Una piedra de la chimenea? piensa Alberto. Levanta la piedra y ve—¡la ropa! Una camisa blanca, un pantalón viejo, dos zapatos, y todos pasados de moda. ¿De quién es esta ropa? No vive en esta cabaña nadie. Pues—cosa muy extraña—las ruinas son viejas, pero la ropa está limpia.

Al acabar la tarde, Alberto Dochique toma la decisión de continuar su camino hacia Chínapas. Toma la vieja ropa y se pone otra vez en camino.

ACTIVIDADES DE LA QUINTA PARTE

A. *Usted entra en la cabaña en ruinas, levanta la piedra de chimenea, y descubre... ¡unas preguntas!*

1. ¿Por qué quiere Luis Hernández unas ramitas de nébeda?
2. ¿Qué lleva Luis para cazar el lobo?
3. ¿Qué ofrece un indio a Luis?
4. ¿Durante qué parte del día entra Luis en el bosque?
5. ¿Quién es Alberto Dochique?
6. ¿Dónde está Alberto?
7. ¿Qué ve Alberto?
8. ¿Qué descubre Alberto bajo la piedra de la chimenea?
9. ¿Cuál es la diferencia entre el estado de la cabaña y el estado de la ropa?
10. ¿Qué hace Alberto con la ropa?

B. *Busque el contrario de cada frase:*

1. Las mujeres del pueblo están *cada vez menos* interesadas en lo que pasa.
2. Es un lobo *ordinario*.
3. Estamos *a principios* de mes.
4. El suelo de la cabaña está muy *sucio*.

C. *El mundo de los ejemplos*

1. ¿Cómo se pueden atraer animales para cazarlos? Dé ejemplos.
2. ¿Cuáles son las partes del día? Haga una lista y marque las horas de cada parte.

D. *¡Bueno! ¡Le toca a usted!*

1. ¿Cómo un hombre llega a ser hombre lobo? ¿Es posible evitar esta condición?
2. ¿Cuál es la leyenda de los cartuchos de plata? ¿Valen estos cartuchos contra los vampiros?
3. Invente una trampa para cazar a un hombre lobo.

La Sexta Parte

Breve Lista de Vocabulario

el este	—el lugar donde sale el sol
el oeste	—el lugar donde se pone el sol
darse cuenta de	—saber, averiguar, notar
un saquito	—un pequeño saco
una casilla	—una pequeña casa sencilla

Luis Hernández se sienta cerca del fuego. Al lado tiene su saco de dormir, pero no va a dormir. Tiene uno de los rifles en la mano, y otro por delante de él. Luis escucha los sonidos del bosque y espera.

Al este, aparece la luna llena. Luis bebe el resto de su café. Se da cuenta de que está solo frente al peligro.

Pasan las horas. Ahora es casi medianoche. De repente, aulla un lobo. Se paran los sonidos de los animales. Luis siente un escalofrío. Se pone de pie.

El lobo aulla otra vez. ¡Está mucho más próximo! Luis toma el saquito de nébeda y saca su rifle. Poco tiempo después, oye el ruido de los pasos del lobo.

* * * *

Es medianoche cuando Alberto Dochique llega en Chínapas. Su esposa está en la habitación principal de la casilla rústica donde viven.

—Regresas tarde, dice la mujer.

—¡Buenas noches! Me desvié un poco. Mira eso.

Alberto muestra la ropa vieja a su esposa.

—¡Ah! ¡Quema esta ropa! ¡Pon la ropa en el fuego! grita su esposa.

—¿Por qué?

—¿*Después de todos los desaparecidos? Aquí tienes quizá la ropa de un muerto.*

Alberto sabe que no es posible discutir con su eposa. Lleva la ropa inmediatemente hasta el hogar.

ACTIVIDADES DE LA SEXTA PARTE

A. *Las acciones son importantes. En cada frase, es la acción, el verbo, que falta.*

1. La luna _____ en el cielo.

2. El lobo _____ .

3. Luis _____ su café.

4. Las horas _____ .

5. Luis _____ los sonidos del bosque.

6. Los sonidos de los animales _____ .

7. Luis _____ el ruido de los pasos del lobo.

8. Alberto _____ la ropa vieja a su esposa.

B. *El lugar es importante también. Busque la preposición que falta.*

1. Luis se sienta _____ del fuego.

2. Luis está completamente solo _____ al peligro.

3. Tiene otro rifle _____ él.

4. Tiene un rifle _____ la mano también.

5. ¡Ah! El lobo está mucho más _____ del campamento.

6. Alberto Dochique llega _____ su casa.

7. Alberto lleva la ropa _____ el hogar.

C. *El mundo de los ejemplos*

1. Busque ejemplos de árboles.

2. Busque ejemplos de ropa.

D. *¡Le toca a usted!*

1. Usted descubre ropa misteriosa en el bosque. ¿Cuál es su reacción? ¿Cuál es su explicación?

2. Describa la casa de Alberto Dochique.

La Séptima Parte

Breve Lista de Vocabulario

dar vueltas alrededor de   —ir en círculo
amarillento   —más o menos amarillo
arrodillarse   —ponerse de rodillas

Notas sobre los verbos: Formas del pretérito (acción pasada):

    fue (< *ser*)   puso (< *poner*)
    desaparecí (< *desaparecer*)   llegó (< *llegar*)

Ahora Luis Hernández oye muy claramente al lobo. Durante un momentito, ve al animal enorme iluminado por la luz de la luna. Luego el lobo desaparece en la obscuridad de la noche.

Luis da vueltas alrededor del fuego. Se queda con el fuego entre sí mismo y los sonidos del lobo. Finalmente, el lobo sale de los árboles y se acerca al fuego. El animal mira fijamente al ingeniero.

—Sus ojos me parecen ser los ojos humanos, murmura Luis como se mueve alrededor del fuego.

El lobo hace ruidos bajos. Los largos dientes amarillentos reflejan la luz del fuego. Sin duda se prepara para atacar.

Sin esperar más, Luis apunta su rifle y dispara. ¡PUM! Dispara otra vez. ¡PUM! ¡Mira! ¿Qué pasa? Los cartuchos le pasan a través del lobo y no hieren a este animal peligroso.

Con la mano que tiembla, Luis pone uno de los cartuchos de plata en el rifle. El lobo se arrodilla, listo para saltar.

* * * *

Mientras que Luis Hernández se prepara para atacar la furia del lobo, Alberto Dochique lanza en el fuego la ropa vieja de la cabaña en ruinas. La ropa se consume. Alberto y su esposa creen oír los aullidos de un lobo. Los aullidos llegan de muy lejos.

¡PUM! El tercer cartucho toca al lobo en la cabeza. El animal enorme cae, muerto. Luis Hernández tiembla todavía al acercarse al lobo. Ve a un lobo ordinario, no es un hombre lobo. Sin embargo hay alrededor del cuello de este lobo un collar. El collar tiene una medalla con el nombre *Miguel Rodríguez*.

De vuelta en Creel, Luis hace una crónica a su jefe. Claro que no dice nada sobre los cartuchos de plata. Ni sobre los rumores de un hombre lobo. Ni sobre la existencia de una medalla muy vieja. Eso es demasiado difícil para explicar. Pero Luis hace una investigación en Internet. Descubre que cierto Miguel Rodríguez fue enviado a la Nueva España por su familia hace más de cuatrocientos años. Después de muchas acusaciones, desapareció en La Sierra Tarahumara. ¿Fue el hombre lobo este Miguel Rodríguez, hijo de un comerciante rico? ¿Quién sabe? Luis Hernández cierra su conexión de Internet. Para él, éste es el final.

La gente de Chínapas dice que es Alberto Dochique que puso fin a los ataques del hombre lobo. Como lo saben todos, un hombre lobo se transforma de hombre en lobo y de lobo en hombre en el lugar donde esconde su ropa. Cuando se manotea su ropa, y cuando se la quema, ya no puede transformarse en hombre lobo. Se queda en su forma de lobo. Y llega a ser mortal.

ACTIVIDADES DE LA SÉPTIMA PARTE

A. *¡Uf! Ya no hay hombre lobo en la región de Chínapas. Sin embargo, tenemos todavía preguntas.*

  1. ¿Cómo Luis puede ver al lobo durante un momentito?
  2. ¿Por qué Luis está con el fuego entre el lobo y él mismo?
  3. ¿Cómo mira el lobo a Luis?
  4. ¿Cómo sabe Luis que le lobo se prepara para atacar?
  5. ¿Entonces qué hace Luis?
  6. ¿Qué pasa cuando los cartuchos le atraviesan al lobo?
  7. ¿Finalmente, qué cartuchos pone Luis en su rifle?
  8. ¿Durante el mismo tiempo, qué hace Alberto Dochique en su casilla?
  9. ¿Qué creen oír Alberto y su esposa cuando la ropa se consume con el fuego?
  10. ¿Qué ve Luis en el cuello del lobo?
  11. ¿Cuáles son los detalles que Luis no menciona en su crónica?
  12. Según la gente de Chínapas, ¿quién puso fin a los ataques del lobo?
  13. ¿Cómo un hombre lobo se convierte en mortal?

B. *Busque un sinónimo para cada frase.*

  1. Los niños *circundan* el árbol grande.
  2. El cuento del hombre lobo *termina*.

C. *El mundo de los ejemplos*

   1. Busque ejemplos de medallas.

   2. Dé ejemplos de rumores.

   3. ¿Conoce usted una investigación de la policía o del gobierno que no llegó a su fin? Explíquela.

D. *Aquí tiene usted una última ocasión para hablar de este cuento.*

   1. ¿Cuáles son los detalles de este cuento que le parecen a usted verdaderos? ¿Y los que le parecen falsos? ¿Por qué?

   2. Usted es periodista en la televisión. Haga una entrevista a Luis Hernández cuando regresa de Creel. Busque un voluntario para que haga el papel de Luis.

Aventuras en Internet

1. *La Sierre Tarahumara:*

   http://www.ecoadventuremexico.com/chihuahua/sierratarahumara.htm

   http://www.wwf.org.mx/wwfmex/prog_bosques_fs_st.php

2. *El ferrocarril Chihuahua-Pacífico:*

   http://www.chi.itesm.mx/chihuahua/turismo/ferrocarril.html

   http://www.todotrenes.com/Fichas/verFichaTurismo.asp?Turismo=21

3. *Los lobos y los hombres lobos:*

   http://es.wikipedia.org/wiki/Lobo

   http://es.wikipedia.org/wiki/Hombre_lobo

✳ ✳ ✳

Tokio tiene a su Godzila y Nueva York a su gorila gordo. ¿Y la ciudad de México? Los Mexicanos creen que no es posible, un monstruo en su capital. Sin embargo, no se lo creen. Nuestro próximo—y último—cuento nos lleva bajo de las calles de la ciudad moderna del Distrito Federal. ¡Y nos lleva quizá hasta el hocico de un monstruo!

Un monstruo en el metro

La Primera Parte

Breve Lista de Vocabulario

El Distrito Federal	—el nombre oficial de la región de la Ciudad de México; se llama también <<D. F.>> (de-efe)
Chilangotitlán	—el nombre popular de la Ciudad de México, viene de *chilango* (habitante de la ciudad) y *Tenochtitlán*
el cerro	—una colina
ubicar	—encontrarse en cierto lugar (del latino *ubi*, <<dónde>>)
a la hora prevista	—El tren de las ocho llega a las ocho; llega *a la hora prevista*.
más tarde de lo previsto	—El tren de las ocho llega a las ocho y cuarto; llega con retraso.
diez para las ocho (Méx.)	—las ocho menos diez

La Ciudad de México es una de las ciudades más grandes del mundo. Cuenta con unos dieciocho millones de habitantes. Situada en su valle rodeado por volcanes inactivos, la ciudad es de una actividad intensa. Es la capital del país y el centro de tres civilizaciones: la azteca, la española y la mexicana. Y es una ciudad llamada con muchos otros nombres: *El Distrito Federal (el D. F.), la Ciudad de la Esperanza, y Chilangotitlán.*

La ciudad tiene diversos lugares históricos y culturales. El *Zócalo* es la plaza mayor y fue el centro ceremonial de Tenochtitlán, capital antigua de los aztecas. Vemos también el Templo Mayor. Pues, el cerro de *Chapultepec* se ve al fondo del *Paseo de la Reforma. Chapultepec* significa <<cerro del saltamontes>> en náhuatl, la lengua azteca.

La Catedral Metropolitana refleja la influencia española y católica en la ciudad como se ve también en la Casa de los Azulejos. La ciudad moderna está ubicada sobre la capital azteca. De gran interés para los norteamericanos es el *Monumento a los Niños Héroes* que hace honor a los jóvenes defensores del país contra los atacantes norteamericanos durante la guerra entre México y los Estados Unidos.

Al ser capital del país, la Ciudad de México es muy importante. Hay muchos turistas también. Llegan de todo el mundo para ver los monumentos históricos y para gozar de un ambiente increíblemente variado.

Además, hay también los restos de *Tenochtitlán*, la ciudad azteca. Hoy es una ciudad perdida, escondida, que existe todavía debajo de las avenidas, los paseos y las calles. Es un lugar oscuro y misterioso.

Debajo de la ciudad moderna hay el metro también. ¿Qué es eso? Claro que es... es.... ¡Ah! Ustedes no son habitantes del Distrito Federal, ¿verdad? Bueno, ¡escuchen!

El metro de la Ciudad de México es un modo de transporte extraordinario. En el metro hay trenes anaranjados que van en su mayoría a través de los túneles por debajo de la ciudad. Los túneles son oscuros y misteriosos. Los trenes son rápidos, puntuales y cómodos. El metro es muy barato también. Es por eso que hay tantos pasajeros cada día. Un boleto cuesta dos pesos.

Desde la inauguración del metro en 1969 con una línea y dieciséis estaciones, se sigue todavía la construcción de líneas y estaciones. Hoy en día hay 175 estaciones y once líneas. Más de 106 estaciones están debajo de la tierra. Muchos *chilangos* (habitantes de la ciudad) se sirven del metro todos los días para ir a y regresar de su trabajo.

Generalmente, el metro funciona muy bien. Los trenes no llegan más tarde de lo previsto, y la gente llega a la hora prevista. Sin embargo, una cierta mañana—como el martes veinte de octubre—ocurre un acontecimiento muy misterioso. En la estación *Polanco*, en el túnel de la línea siete, no llega el tren de las diez para ocho. Así empieza nuestro cuento del monstruo en el metro.

ACTIVIDADES DE PRIMERA PARTE

A. *¿Usted entiende el cuento? ¡Muy bien! Bueno, contesten estas preguntas, por favor.*

1. ¿Cómo se llama el gorila gordo que aterrorizó a todo Nueva York?
2. ¿Por qué la Ciudad de México es una ciudad muy importante?
3. ¿Cuántos habitantes hay en la ciudad?
4. ¿Dónde están los restos de Tenochtitlán?
5. ¿Qué es el metro?
6. ¿Cuántos años tiene el metro?
7. ¿Cuántas estaciones hay en el metro?
8. ¿Cómo funciona el metro por regla general?
9. ¿Cuándo empieza el cuento?

B. *Busque la palabra que falta. Las respuestas están en la primera parte.*

1. La Ciudad de México es una ciudad _____.
2. _____, _____, y _____
   son sitios históricos de la Ciudad de México.
3. Los túneles del metro son _____ y
   _____.
4. Los trenes _____ en los túneles.

C. *Escriba la letra que indique el significado contrario a las palabras de la columna izquierda.*

1. pequeño ____   a. oscuro ____
2. muy poco ____   b. extraño ____
3. claro ____   c. grande ____
4. ordinario ____   d. mucho ____

D. *El mundo de los ejemplos*

1. ¿Cuáles son tres ciudades importantes de México?
2. ¿Cuáles son dos monumentos turísticos norteamericanos?
3. ¿Qué otras ciudades del mundo conoce usted que tengan un sistema de metro?

E. *¡Le toca a usted!*

1. Usted está en el cine. Mira una película de terror. En la película hay un monstruo. ¡Su amigo/amiga no puede mirarla! Describa al monstruo.

   Palabras sugeridas:
   | hermoso | canta | grita | ataca |
   | grande | come | feo | horrible |

—¡Ah! ¡El monstruo es _____! Es muy _____ y
                                     1.   2.

demasiado _____ también. Una mujer ve al monstruo y
                          3.

ella _____.
           4.

    Llegan los policías. ¡El monstruo _____ a los oficiales!>
                                                             5.

2. Usted es el director/la directora de la oficina de turismo en su
    ciudad o región. Haga una lista de los monumentos importantes
    que cualquier turista debe visitar.

F. *¡Finalmente! ¡Un juego! ¿Cuáles son estas palabras?*
    1. rotem
    2. gaslichon
    3. rent
    4. sucoro
    5. ticenosase

La Segunda Parte

Breve Lista de Vocabulario

el andén	—el pasaje a lo largo de la vía del tren donde se esperan los pasajeros
Guadalajara	—una ciudad mexicana con más de cuatro millones de habitantes; también hay una en España
una huelga	—una manifestación voluntaria de los obreros sobre cuestiones de trabajo o laborales
un alboroto	—un desorden—muchas veces público—cuando

muchas personas gritan y se manifiestan

En el andén de la estación *Polanco*, Marisol Chávez y su padre esperan el tren de las diez para las ocho. Marisol va al Instituto Americano. Su padre se va a trabajar. Ahora es un cuarto para las ocho.

Marisol es María de la Soledad y tiene quince años. Ella y sus padres son de Guadalajara, otra gran ciudad mexicana. Ahora viven en la capital. Su padre, Alberto Chávez, es inspector del Sistema de Transporte Colectivo—Metro, el STCM. Conoce bien los túneles y viaductos del metro. Hoy, como siempre, lleva el uniforme de los inspectores del metro.

A diez para las ocho, Marisol mira su reloj, entonces mira por el túnel para ver si llega el tren. Nada. Pasan algunos minutos. Ahora hay muchas personas en el andén.

—¿Qué hora es, por favor, señorita? le pide un hombre a Marisol.

—Ee... ya son las ocho y diez, señor.

—¡Y todavía no viene el tren! Muchas gracias, señorita.

El inspector Chávez se acerca al borde del andén y mira fijamente por el túnel oscuro.

—¿Ves el tren, papá? pregunta Marisol.

—No, no veo ningún tren.

—¿Qué pasa? ¿Una huelga?

En el mismo momento, se oyen gritos. Los gritos salen del túnel. De repente, aparecen muchos pasajeros en el túnel. Van a pie. Gritan y lloran. Hay hombres, mujeres, jóvenes, viejos, y niños. Están aterrorizados. Escuchen:

—¡Qué horror! ¡Es terrible! ¡Socorro!

—¡Es un alboroto, papá! dice Marisol.

—O quizá sea un accidente, responde el inspector, todavía tranquilo.

Este túnel de la línea siete está de obras entre las estaciones *Tacuba y San Joaquín*. Es hacia la prolongación de la línea B debajo de la Avenida Marina Nacional. Debido a estas construcciones, se abre un agujero en el muro del túnel, un agujero bastante grande y deja entrar un monstruo en el metro.

ACTIVIDADES DE LA SEGUNDA PARTE

A. *¿VERDADERO o FALSO? Si la frase contiene un error, ¡corríjalo!*

1. Marisol y su padre esperan el tren en la estación *Tacuba*.
2. Los padres de Marisol son de Oaxaca.
3. Marisol tiene quince años, y es mexicana.
4. El Señor Chávez es oficial de policía.
5. El tren de las ocho menos diez es puntual.
6. Hay muchas personas en el andén de la estación *Polanco*.
7. La gente en el andén oye los gritos de un elefante gordo.
8. ¡Hay pasajeros que entran por el túnel!
9. El túnel de la línea siete está en construcción debido al nuevo túnel para los aviones.
10. En el muro del túnel hay un agujero grande.

B. *Busque las preposiciones que faltan (**de, en, entre, debajo de***).*

1. Los túneles del metro están _____ las calles.
2. El agujero está _____ el muro.
3. Los lugares de construcción están _____ la estación *Tacuba y San Joaquín*.
4. Marisol y su padre están _____ el andén.
5. Los padres de Marisol son _____ Guadalajara.

C. *¡Le toca a usted!*

1. El tren de las ocho menos diez no llega. Imagínese por qué. Haga una lista de tres o cuatro causas posibles.
2. Describa a Marisol.

D. *¡Haga un poco de teatro! Represente la escena en el andén de la estación. Los papeles a representar son*

Marisol, El Señor Chávez, el hombre que pregunta la hora, unas personas.

La Tercera Parte

Breve Lista de Vocabulario

las escaleras eléctricas (Méx.)	—las escaleras mecánicas
la salida	—sitio por donde se sale
agarrar	—tomar con fuerza
el maquinista	—el empleado que maneja el tren
la dirección	—son las personas encargadas de una empresa como el STCM

En este momento hay una gran confusión en la estación *Polanco*. Todo el mundo habla y grita al mismo tiempo.

—¡Espérame aquí! dice el inspector Chávez a su hija.

—¿Por qué? ¿Adónde vas?

—Voy a hablar con la gente que sale del túnel.

El inspector hace unas preguntas a los pasajeros aterrorizados:

—¿Qué hay por allí? ¿Una huelga? ¿Un accidente? ¿Por qué corren ustedes? ¡Señores, por favor! ¡Respóndanme! ¡Yo soy Chávez, el inspector del STCM! ¿Qué hay por allí en el túnel?

Pero las personas corriendo por el túnel no responden. ¡Tienen tanto miedo! Corren hacia la salida. Marisol agarra el brazo de una mujer.

—¡Por favor, Señora! ¿Qué pasa?

—¡Ah, mi hija, es terrible!

—¿Es un accidente?

—¡Claro que no! ¡Es un monstruo! ¡Hay un monstruo gordísimo en el túnel!

Luego la mujer corre hacia las escaleras eléctricas.

En este momento, el inspector Chávez encuentra a Marisol.

—¿Qué hay por allí, Papá? pregunta Marisol. La mujer dice que hay un monstruo.

—Todavía no sé, Marisol. Pero no es un accidente.

—¡Tenemos que llamar por teléfono a la dirección!

—Tienes razón, Marisol. Sin embargo, tú tienes que salir de aquí. Hay un gran peligro.

Marisol no se mueve. Se queda allí, en el andén, cerca de su padre.

Finalmente el maquinista sale del túnel y sube por el andén. Es la última persona. Ve a Chávez y con su uniforme de STCM. Viene hacia el inspector.

—¿Usted es empleado de la dirección, ¿verdad? pregunta el maquinista.

—¡Sí, claro! ¿Y usted es el maquinista? dice el inspector Chávez. ¡Respóndame! ¿Qué hay en el túnel? ¿Dónde está el tren?

—¡Oh, Señor! ¡Hay un monstruo que ataca a los trenes! Y se come los vagones. ¡Ya comió dos vagones de mi tren! ¡Crac, crac, y adiós! Los vagones desaparecieron.

Marisol escucha estupefacta.

ACTIVIDADES DE LA TERCERA PARTE

A. *¿Es posible que haya un monstruo en el metro? Piense en esta pregunta y elija la expresión que complete mejor las frases siguientes.*

1. Las personas salen del túnel. No responden a las preguntas del inspector Chávez porque _____.
   a. llegan con retraso
   b. tienen miedo del monstruo
   c. no les gustan a ellos los inspectores

2. Marisol _____ el brazo de una mujer.
   a. mira   b. golpea   c. agarra

3. Le dice que hay _____ en el túnel.
   a. un monstruo enorme   c. un tren del metro
   b. un accidente muy horrible

4. Es _____ el último en subir al andén.
   a. el monstruo   b. el maquinista   c. el inspector

5. En el túnel, el monstruo _____.
   a. come a la gente   c. come los vagones del metro
   b. ataca a las ratas

B. *Una redacción guiada. Complete las frases con una de las palabras de la lista siguiente.*

ir	corren	personas	sube
miedo	salen	aterrorizados	el túnel

El inspector habla con las _____ que _____ del
                                      1.   2.

túnel. Pero los pasajeros están _____. _____ hacia
                                           3.   4.

la escalera para _____ a la calle. El inspector ve al maquinista
                          5.

que _____ al andén. El maquinista tiene _____
              6.   7.

también. Dice que hay un monstruo en _____.
                                                    8.

C. *¡Le toca a usted!*

  1. Haga una lista de cosas que le asustan a usted. Use la expresión:
     tener miedo de.

     Ejemplo: *Tengo miedo de...* (*Tengo miedo de los gatos, tengo
     miedo de los autobuses, etc.*)

  2. Usted es periodista en el andén. Hable en directo para la
     televisión. Complete las frases.

     a. ¡Buenos días, telespectadores! Estoy _____.
        (*¿Dónde, exactamente?*)

     b. En la estación, hay _____. (*¿Qué? ¿Quién?*)

     c. Un inspector _____. (*¿Qué hace el inspector?*)

     d. Todo el mundo dice que _____. (*¿Qué?*)

     e. Claramente, el monstruo _____ (*¿Qué? ¿Qué hace el
        monstruo?*)

D. *Juego de Contrarios: Busque el contrario de cada expresión.*

  1. entran   4. pequeño
  2. calmados   5. el primer
  3. bajar   6. responde las preguntas

E. ¿Sabe usted como hacer crucigramas? ¡Es tan sencillo como
   respirar! Mire como hacerlo:

  1. Elija (por ejemplo) 8 palabras de la tercera parte.
  2. Ponga las palabras como se presentan en el juego de Scrabble.
  3. Piense en definiciones, ejemplos, y palabras contrarias.
  4. Dibuje los casilleros blancos y los casilleros negros.
  5. Muestre su crucigrama a sus compañeros de clase.

La Cuarta Parte

Breve Lista de Vocabulario

¡Sálvese quien pueda!	—¡Cada uno mira por su cuenta! (*Every man for himself!*)
¡salgamos!	—del verbo **salir**—plural de primera persona
¡socorro!	—¡Ayúda!
un corte eléctrico	—cuando la electrícidad de repente no funciona

El maquinista, aterrorizado, mira hacia el túnel. Ahora, sólo Marisol, su padre y el maquinista están en el andén.

—¡No me diga! Eso es absurdo, dice el inspector Chávez al maquinista. ¿Un monstruo? ¡Claro que no es posible!

—¡Sí, sí, Señor Inspector! ¡Es la verdad! responde el maquinista. ¡Mire! Llegamos donde volteamos a la izquierda, un poco antes de la estación. ¡Ya está! Una forma grande y oscura se ve al lado de los vagones en el túnel. Veo que es un animal, una bestia enorme, gigantesca, terrible. Una parte de la bestia bloquea los carriles.

—¿Y luego? pregunta Marisol.

El maquinista mira a la hija.

—Luego, mi hija, paro el tren y anuncio a todos los pasajeros que bajen del tren. ¡Y que corran! ¡Sálvese quien pueda! Yo, yo...

El pobre maquinista no puede continuar. Tiembla de miedo.

—Deme una descripción de la bestia, señor, dice el inspector Chávez.

—¡Qué tontería! El monstruo está en el túnel. Va a llegar a la estación dentro de poco. ¡Salgamos inmediatamente!

De repente, un grito feroz se oye en el túnel.

—¡Socorro! grita el maquinista. ¡El monstruo ya llega aquí!

El maquinista ya no espera. Corre hasta la escaleras eléctricas y sube rápidamente. En este momento, se oye un gran ¡*CRAC*! Entonces, se interrumpen las luces eléctricas. Marisol y su padre se quedan allí en el andén en completa oscuridad.

—Es un corte eléctrico, dice el inspector Chávez a su hija. No te muevas.

Todo está negro en la estación Polanco. Marisol y su padre oyen una vez más los gritos horribles: ¡llega el monstruo!

ACTIVIDADES DE LA CUARTA PARTE

A. *Usted está en el metro y hay un monstruo por allí. Busque la pregunta adecuada para cada respuesta.*

1. Tiene mucho miedo.
2. Quedan sólo Marisol, su padre, y el maquinista en el andén.
3. Piensa que es absurdo, imposible.
4. Es enorme, gigantesco.
5. Bloquea el túnel y ataca el tren.
6. Hay un corte eléctrico.

Preguntas posibles:

a. ¿Cuántas personas están en el andén?
b. ¿Qué hace el monstruo en el metro?
c. ¿Cómo está el maquinista?
d. ¿Qué piensa el inspector de la idea de que haya un monstruo?
e. ¿Por qué todo está ahora oscuro en la estación?
f. ¿Cómo es el monstruo?

B. *Busque la respuesta que no va.*

1. El monstruo es _____.
   a. enorme   b. terrible   c. simpático
2. El maquinista _____.
   a. tiene miedo   b. ataca al monstruo   c. está aterrorizado
3. Marisol _____.
   a. sube hasta la calle con la gente
   b. se queda en el andén con su padre
   c. oye los gritos del monstruo
4. El inspector Chávez _____.
   a. hace muchas preguntas
   b. quiere una descripción del monstruo
   c. ataca al maquinista

C. *Haga el papel de maquinista. El inspector hace muchas preguntas. ¿Qué le contesta usted?*

1. ¿Usted es el maquinista? (Sí, Señor, yo...)
2. ¿Dónde está su tren? (Ee... el tren está...)
3. ¿Qué hay en el túnel?
4. ¿Cómo es el monstruo?
5. ¿Dónde está el monstruo?
6. ¿Tiene miedo?

La Quinta Parte

Breve Lista de Vocabulario

huelen < oler	—sentido que nos entra por la nariz; "Huelo la buena sopa." (*to smell something*)
¡uf!	—reacción contra cualquier cosa o situación
huele mal	—tiene mal olor (*to smell bad*)
la muchadumbre	—una gran cantidad de gente
la Delegación de Miguel Hidalgo	—en el Distrito Federal, una división de la ciudad administrativa

En la obscuridad, el monstruo atraviesa despacio la estación. Marisol y su padre no ven nada, pero *huelen* la presencia del monstruo.

—*¡Uf!* ¡Huele muy mal, ese animal! dice Marisol.

—¡Silencio! dice el inspector Chávez. Vamos hacia las escaleras. ¡Cuidado!

Las escaleras eléctricas no funcionan debido al corte eléctrico. Marisol y su padre suben por las escaleras fijas. Llegan rápidamente a la Avenida Horacio. Se paran los sonidos del monstruo.

En la Avenida Horacio, Marisol ve a una muchedumbre aterrorizada. El inspector Chávez habla con la gente, pero no entiende bien lo que dicen: todo el mundo habla al mismo tiempo.

—Papá, dice Marisol, ¡pide ayuda!

El inspector Chávez saca su teléfono móvil y llama a su oficina. Llama a su jefe.

—¡Diga! Aquí habla el inspector Chávez. Estoy afuera de la estación *Polanco*, dentro de la *Delegación Miguel Hidalgo*. ¡Tenemos que hacer algo inmediatemente! ¡Hay un monstruo en el metro!

—No lo dices en serio, Chávez?

—¡Sí, sí! Hay un monstruo. ¡Lo he oído!

—¡No es posible, Chávez! responde el jefe. No hay monstruos en el D. F.!

—¡Le digo que es verdad! ¡Escuche un poco! ¿Oye usted a la gente? Todos han salido del metro. Y dicen que hay un monstruo en el túnel.

—Bueno, todo el mundo por allí está loco!

—Sin embargo, necesito ayuda. Hay un gran desorden en nuestro metro y en la Avenida Horacio. ¿Debo llamar a la policía?

—¡Claro que no, Chávez! No estás en Guadalajara. No queremos llamar la atención de la policía. Mira, te envío a un grupo de obreros y unos camiones. Por favor, quédate allí donde estás, Chávez.

El inspector Chávez se coloca el teléfono en su bolsillo.

—Vienen a buscar al monstruo, Papá? pregunta Marisol.

—Vienen, pero sólo para ayudarme con la muchedumbre. El jefe no cree que hay un monstruo. Cree que estoy loco.

ACTIVIDADES DE LA QUINTA PARTE

A. *Hay un monstruo en el metro, y no llega la ayuda. Todo el mundo habla de lo que pasa y nadie tiene razón. Bueno, haga las correcciones necesarias.*

1. Funcionan las luces eléctricas cuando el monstruo atraviesa la estación *Polanco*.

2. Marisol y su padre ven al monstruo.

3. El monstruo huele bien.

4. Marisol y su padre suben por las escaleras eléctricas porque son más rápidas.

5. La gente en la Avenida Horacio está muy tranquila.

6. El inspector Chávez busca una cabina telefónica en una cantina para llamar a la oficina del STCM.
7. El jefe de la oficina se toma en serio la idea de que hay un monstruo en el metro.
8. El jefe de la oficina envía unos autobuses y taxis hacia la Avenida Horacio.

B. *¿Cuál es la palabra que falta?*

1. El monstruo no huele bien; ¡huele _____!
2. Hay un corte eléctrico. La estación se queda en _____.
3. Hay una _____ de personas aterrorizadas en la Avenida Horacio.
4. El jefe de la oficina piensa que Chávez está _____.
5. El inspector Chávez se coloca el teléfono móvil en _____.

C. *¿Le gusta a usted buscar los contrarios, no? ¡Bueno, búsquelos!*

1. inmediatemente
2. oler bien
3. pararse
4. rápidamente
5. el orden

D. *Marisol y su padre* **huelen** *al monstruo, y éste huele mal. Ahora, le toca a usted:*

1. Dé ejemplos de cosas que huelen *bien*.
2. Dé ejemplos de cosas que huelen *mal*.
3. Para usted, ¿cuál es uno de los olores más deliciosos?
4. Para usted, ¿cuál es uno de los olores más detestables?

E. *¡Un juego! ¿Sabe usted como jugar al <<Colgado>>? Bueno, nuestro juego, <<¡El monstruo ataca!>> es semejante.*

1. Elija una palabra de la quinta parte.
2. Haga en la pizarra un guión para cada letra de su palabra.
3. Dibuje cinco casilleros.
4. Para cada error, escriba una <<x>> en el casillero.
5. Cuando el adversario haga el quinto error, ¡EL MONSTRUO ATACA!

La Sexta Parte

Breve Lista de Vocabulario

se ven (< verse)	—aparecen
una mapa de metro	—un documento o plano que indica las líneas y las estaciones de metro
cambiar de línea	—hacer la conexión con otra línea de metro
El STCM	—El *Sistema de Transporte Colectivo—Metro*

Después de unos minutos, se ven los camiones del STCM. Los obreros llegan en la Avenida Horacio y empiezan a calmar a la gente. Con el inspector Chávez, bloquean todas las entradas de metro en la avenida.

Marisol busca una mapa de metro. Hay una mapa grande cerca de la boca de metro donde está. Saca un cuaderno de su mochila y copía una parte de esta mapa. Entonces, busca a su padre.

—Mira, Papá. El monstruo está en el túnel de la línea siete. Viene de la estación *San Joaquín*. Si vuelve hacia *San Joaquín*, puede cambiar de línea en la estación *Tacuba*.

—¿Y si continúa por el túnel hacia *Auditorio*?

—Es mucho más complicado: si el monstruo llega a la estación *Tacubaya*, creo que tiene cuatro túneles posibles.

—Bueno, tenemos que parar al monstruo antes de que llegue a estas estaciones.

—O como hace todo el mundo, va a hacer una conexión.

—Pero no sabemos hacia que estación el monstruo se dirige.

—Papá, diles a los obreros que esperen al monstruo en ambas estaciones. Es cierto que el monstruo va a llegar a una de estas estaciones.

—¡Muy bien, Marisol! ¡Gracias por tu ayuda!

Otra vez el inspector Chávez llama por teléfono a su oficina. Pide a su jefe de parar los trenes de las líneas uno, dos y nueve. Le pide también que envíe otros obreros hasta las estaciones *San Joaquín y Auditorio*. Quiere parar el monstruo antes de que llegue a las estaciones que tienen conexión con otras lineas. Ahora, el inspector no puede hacer nada sino espera el próximo ataque del monstruo.

Son las ocho y veinticinco. Es una hora punta en la ciudad. Pero tres líneas de metro ya no funcionan. El ataque del monstruo provoca un gran desorden en la rutina diaria de muchas personas.

En el túnel oscuro, el animal gigantesco se queda solo. El monstruo empieza a moverse. Pero, ¿hacia qué estación?

ACTIVIDADES DE LA SEXTA PARTE

A. *¡Ah! Llegan los obreros del STCM! Sin embargo, para usted tenemos otra vez preguntas.*

1. ¿Quiénes llegan en los camiones?
2. ¿Por qué busca Marisol una mapa de metro?
3. ¿De qué estación viene el monstruo?
4. ¿Qué estaciones hay después de *Polanco*?
5. ¿El STCM para los trenes de qué líneas?
6. ¿Por qué esta decisión del STCM provoca un desorden entre las personas?
7. ¿Cómo pasa el monstruo de una línea a otra?

B. *Para cambiar un poco las cosas, aquí tenemos unas frases con tres respuestas posibles. ¿Qué respuesta no es la acertada?*

1. El mapa indica _____ de metro.
   a. las líneas
   b. las estaciones
   c. los trenes

2. No se cambia trenes _____.
   a. en una estación de conexión
   b. en el túnel
   c. en Polanco

3. _____ es una estación de metro.
   a. San Joaquín
   b. Alberto Chávez
   c. Auditorio

4. El monstruo _____ moverse por el túnel.
   a. acaba de
   b. empieza a
   c. no quiere

5. Los obreros _____ .
   a. se quedan en la estación *Polanco*
   b. bloquean las entradas del metro.
   c. paran al monstruo en el túnel

C. *Usted tiene aquí unas respuestas. ¡Busque la pregunta!*

    1. Calman a la gente.   ____

    2. Busca un mapa de metro.   ____

    3. Pide al STCM de parar los trenes. ____

    4. Es hora punta.   ____

Aquí le presentamos las preguntas:

    a. ¿Qué hacen los obreros del STCM en la avenida?

    b. ¿Cómo se llaman la hora en que muchas personas van al trabajo?

    c. ¿Qué le pide el inspector Chávez al STCM?

    d. ¿Qué hace Marisol para ayudar a su padre?

D. *Una redacción guiada: ¡Usted es el monstruo! Complete estas frases.*

    1. Soy _____.

    2. Tengo _____.

    3. Me gusta comer _____.

    4. No me gusta comer _____.

    5. Cuando quiero cambiar de túnel, _____.

E. *¡Le toca a usted!*

    1. Busque un mapa de metro para la Ciudad de México (en http://www.metro.df.gob.mx/red/index.html, por ejemplo). ¿Cuántas líneas hay?

    2. Busque las líneas 1, 2 y 9. Entonces, localice las estaciones que están en el cuento.

La Séptima Parte

Breve Lista de Vocabulario

pasó	—pasar (*pretérito*)
destruyó	—destruir (*pretérito*)

A las ocho y media, suena el teléfono móvil del inspector Chávez. Es el jefe de la estación *Auditorio*. ¡En este momento el monstruo atraviesa la estación!

—¡Ah! El túnel no tiene conexiones hasta *Tacubaya*, dice Marisol a su padre.

—¡Al camión! dice el inspector Chávez a Marisol.

Suben al camión del STMC.

Todos los camiones cruzan el Paseo de la Reforma y atraviesan el Bosque de Chapultepec por la Calzada Chivatito. Esta carretera llega a ser la Calzada Molino del Rey en el bosque y luego cruza la Avenida Constituyentes. Después de ocho minutos, los camiones llegan a la estación *Constituyentes*.

—¿Vamos a quedarnos aquí con usted, Inspector? pregunta el conductor del camión.

—Tú y los obreros en tu camión, sí. Los otros deben ir hasta la estación *Tacubaya*. Van a bloquear el túnel allí.

Ahora, el inspector saca su teléfono y llama a su jefe: —¡Habla inspector Chávez, jefe!

—Sí, bueno... continúa, dice el jefe.

—Envío a nuestros obreros hasta la estación *Tacubaya*. Espero aquí en *Constituyentes*.

—La estación *Auditorio* dice que el monstruo pasó por allí y destruyó dos trenes. Viene hacia la estación *Constituyentes*.

En la entrada de *Constituyentes*, unos obreros de metro esperan al inspector Chávez. Quieren saber lo que pasa.

—¡Salgan del andén! dice Chávez. ¡Ustedes van a ver!

Sin permiso, Marisol baja también del andén. Ve un tren destruido, pero no ve al monstruo.

—¡Papá! grita Marisol a su padre. ¡El monstruo ya no está aquí! ¡Continúa en el túnel!

Los obreros no entienden nada. El inspector les dice que se queden en la estación

—Vamos a la estación *Tacubaya*, dice el inspector a los obreros del camión. ¡Marisol! ¿Dónde está tu mapa del metro?

—Aquí, Papá.

El inspector mira un momento el mapa.

—¡Sigue *Camacho*¡ dice al conductor del camión.

Entonces saca su teléfono y habla otra vez con su jefe.

—Creo que necesitamos la ayuda del ejército.

—Estoy de acuerdo, Chávez. ¿Adónde deben ir los soldados?

—Envíe la mayor parte de los soldados a las estaciones *Observatorio*, *San Pedro de los Pinos*, *Patriotismo* y *Juanacatlan*. Y envíe los otros

a *Tacubaya*. Ahora me dirijo hacia esta estación.
—¡De acuerdo, Chávez!

ACTIVIDADES DE LA SÉPTIMA PARTE

A. *¿Los obreros y el inspector van a parar el monstruo? ¿Usted va a completar este ejercicio? Aquí tiene una lista de palabras. Haga una frase con cada palabra.*

suena	destruido	obreros	continúa	allí
ejército	destruye	jefe	bajen	

1. El monstruo _____ en el túnel.
2. El monstruo _____ dos trenes de la línea 7.
3. El teléfono móvil _____.
4. ¡Mecachis! El monstruo no está por _____.
5. ¡Los _____ no entienden nada!
6. Marisol ve un tren _____ en la estación.
7. El inspector Chávez habla con su _____.
8. Sin duda, necesitan la ayuda del _____.
9. ¡_____ en los andenes! dice el inspector.

B. *Busque el contrario de cada palabra. Lea otra vez la séptima parte. Todas las palabras están en esta parte.*

1. algo
2. construye
3. todavía no
4. la salida

C. *¿VERDADERO o FALSO? Si la frase es falsa, ¡corríjalo!*

1. El monstruo se queda mucho tiempo en la estación Constituyente.
2. Entre *Auditorio y Tacubaya* hay tres estaciones de conexión.
3. Marisol y su padre bajan en metro para ir hasta la estación *Tacubaya*.
4. En la estación *Constituyentes*, el monstruo destruye dos trenes.
5. El monstruo espera a los obreros en la estación *Constituyentes*.

D. *¡Le toca a usted!*

1. Continúe con su lista de estaciones del cuento.
2. Sitúe las estaciones en un mapa de metro.
3. Investigue un poco el origen del metro de la Ciudad de México.

La Octava Parte

Breve Lista de Vocabulario

un equipo	—un grupo de personas que trabajan o juegan juntas, por ejemplo, *un equipo de fútbol*
lombriz (f.)	—un animal invertebrado dividido en anillos
un telespectador	—alguien que mira un programa en la televisión

En la estación *Tacubaya*, muchos obreros de la STCM están en el andén. De repente oyen los gritos del monstruo. El andén tiembla. Algo terrible sale del túnel: ¡llega el monstruo! Más largo que un tren de metro, el animal enorme avanza rápidamente. Los obreros lanzan piedras, palas, cajas contra el monstruo, pero sin efecto. ¡Un animal que come los vagones no se destruye fácilmente! El monstruo regresa al túnel y desaparece.

El inspector Chávez y Marisol llegan en este momento a la Avenida Jalisco afuera de la estación. Ya se ven muchos periodistas por delante de la entrada de *Tacubaya*. Lanzan muchas preguntas al inspector. Chávez no responde nada.

— ¡Hola, Chávez! dice otro inspector. Hay un reportero de televisión en el andén con su equipo.

— ¿Quién es? pregunta Marisol, curiosa.

— Jorge Montalbán.

— ¿Montalbán? ¡Ah no! dice Chávez, irritado. ¡Es lombriz! Marisol, quédate en el camión. Voy a bajar.

Pues Chávez baja rapidamente por la escalera. Claro que Marisol no se queda en el camión. Baja por la escalera inmediatamente detrás de su padre.

Abajo, la estación está bien iluminada debido a las luces de las cámaras. El periodista Jorge Montalbán está en un extremo del andén, con el micrófono en la mano.

— ¡Señoras, señores, buenos días! dice Montalbán con su voz

melodramática. Mira fijamente hacia el objetivo de la cámara y habla a los telespectadores.

—Jorge Montalbán aquí en directo. Estoy en la estación *Tacubaya*. En este momento, los empleados de la STCM buscan un gran animal—dicen que es *un monstruo*—que está en este túnel de metro. Ahora, yo voy hacia el túnel para descubrir la verdad. ¿Es un animal gigantesco, o una vez más, un engaño? ¡Vamos a ver!

Jorge Montalbán, muy elegante vistiendo un impermeable azul oscuro, toma el micrófono y baja por la pequeña escalera hasta los carriles. Su camarógrafo va con él en el túnel.

—¡Detengan a este idiota! grita Chávez, pero es demasiado tarde. Montalbán ya está en el túnel.

ACTIVIDADES DE LA OCTAVA PARTE

A. *Según su punto de vista, ¿Jorge Montalbán es valiente o está loco? ¿Quién sabe? De toda manera, decida si las frases son VERDADERAS o FALSAS. Haga las correcciones necesarias.*

1. El monstruo es más largo que el Paseo de la Reforma.

2. Al inspector Chávez le gusta hablar con los periodistas.

3. Jorge Montalbán es también inspector de metro.

4. El inspector Chávez piensa que Jorge Montalbán es un hombre muy amable.

5. La estación *Tacubaya* está iluminada porque ya no hay un corte eléctrico.

6. Para su entrevista, Jorge Montalbán se queda en el andén.

7. Jorge Montalbán piensa que el monstruo es otro engaño de la gente. En el túnel, Jorge Montalbán va en buscar de un tren que falta.

8. El camarógrafo se queda en el andén.

9. El inspector Chávez quiere acompañar a Jorge Montalbán hacia el túnel.

B. *¿Qué palabra va en cada guión?*

1. El andén _____ porque llega el monstruo.

2. Los obreros _____ palas y piedras contra el monstruo.

3. ¡Un animal que come los trenes no _____ fácilmente!

4. Jorge Montalbán lleva un impermeable _____.

5. El telereportero se dirige hacia el túnel para descubrir
_____.

C. *Un mundo de ejemplos.*

1. algo más largo que un tren
2. algo más grande que un monstruo
3. alguien muy elegante
4. un/una reportero/reportera de televisión
5. un animal imaginario

D. *¡Hablemos un poco! Usted es periodista. Entra en el túnel para buscar al monstruo. Su jefe le hace preguntas por el teléfono móvil. Respóndale.*

1. ¿Dónde está usted exactamente?
2. ¿Qué mira usted?
3. ¿Adónde va usted?
4. ¿Quién está en el túnel con usted?
5. ¿Cree usted que hay peligro?
6. ¿Cree usted que el monstruo existe?

La Novena Parte

Breve Lista de Vocabulario

un radioteléfono	—un aparato de radio receptor y emisor portátil; se llama también *walkie-talkie*.
el operador	—un obrero que se dedica a hacer funcionar una cámara

—¡Papá! dice Marisol. Ven por aquí. Es posible ver al periodista.

—¿Marisol, por qué estás aquí? le pregunta su padre. Ahora quédate a mi lado.

Del andén ven difícilmente a Montalbán. El túnel está oscuro.

—Señor inspector, dice un empleado de la televisión, tome este radioteléfono para comunicarse con Montalbán.

—Bueno, gracias. ¡Diga! ¿Montalbán, usted está aquí?

—Sí, estoy escuchando... .

Allí, lejos en el túnel, ven a Montalbán que habla por radioteléfono. Hace un ademán con la mano.

—Aquí habla el inspector Chávez. ¿Qué hace usted?

—¡Ah, buenos días, Chávez! Continúo en el túnel. Todo es oscuro, silencioso.

—¿Pues, el monstruo está allí?

—Todavía no. Pero dígame, Chávez, ¿es peligroso su monstruo?

—Ee... come los vagones de metro.... pero.... ee... no come a la gente. Sin embargo es un animal muy grande, entonces....

—Gracias, eso es una consolación, dice sarcásticamente Montalbán. Sonríe a sus espectadores. Voy un poco más lejos y.... ¡Dios mío! ¡Qué olor abominable!

—¡Es el monstruo! grita Marisol. ¡Huele mal exactamente como lo dice el señor!

—¡No vaya demasiado lejos, Montalbán! dice el inspector Chávez. No sabemos nada sobre este monstruo.

—¡Válgame Dios! ¡Aquí llega el monstruo! ¡Es muy feo!

—¿Usted ve al monstruo? Dígale, Montalbán, como es?

—Señoras y señores, empieza Montalbán, que habla ahora para la televisión, les presento a ustedes en directo las primeras imágenes del monstruo. El túnel es oscuro y no veo bien, pero puedo distinguir a un animal gigantesco. Es azul... sí, es claramente azul. No veo ni brazos ni piernas. Y en cuanto a sus ojos, no sé... ¡ah, sí! Veo unos puntos amarillos que brillan. Creo que son sus ojos. Dos... tres, cuatro... hay al menos cuatro puntos amarillos. El monstruo no tiene verdaderamente una cabeza. ¡Hm! Todo el extremo frontal del monstruo es una boca gigantesca. Alrededor de la boca tiene tentáculos. ¡Ah! ¡Ahora el monstruo abre la boca! ¡Cuidado! ¡Viene hacia nosotros!

En este momento, el operador deja caer su cámara. En millares de televisores, sólo se ve una pantalla negra.

—¡Corra, Montalbán, corra! grita Chávez por el radioteléfono.

En el túnel, el monstruo hace gritos terribles.

ACTIVIDADES DE LA NOVENA PARTE

A. *¡Todas estas respuestas son falsas! En primer lugar, busque la pregunta. Luego, dé una buena respuesta según el cuento.*

Respuestas falsas:

1. Chávez ve a Montalbán por la radioteléfono.
2. Es muy claro.
3. Huelen los vagones de metro.
4. ¡Claro que no! ¡Es como un pequeño gato!
5. Es grande y verde.
6. Sí, el periodista trabaja para la policía.
7. ¡Por lo menos dieciocho! ¡Y son rojos!
8. Son unas estrellas blancas que brillan.
9. Tiene seis piernas y brazos como un gorila.
10. Es como la cara de un payaso.

Preguntas:

a. ¿Cuántos ojos tiene el monstruo?
b. ¿Qué huele Montalbán?
c. ¿Tiene piernas y brazos, el monstruo?
d. ¿Cómo ve el inspector Chávez al periodista?
e. ¿De qué color es el monstruo?
f. ¿Cómo es el túnel en la estación *Tacubaya*?
g. ¿Montalbán va al túnel para dar una descripción del monstruo al STCM?
h. ¿Es peligroso el monstruo?
i. ¿Cómo son los ojos del monstruo?
j. Según Montalbán, ¿cómo es la cabeza del monstruo?

B. *Recapitulación: Ponga las palabras correctas en los huecos para contar este cuento.*

Jorge Montalbán es _____. Va al _____ con
                   1.   2.

_____. Montalbán ve que el túnel no es _____. El
    3.   4.

inspector Chávez piensa que el monstruo es _____ porque
                                             5.

es un animal _____. Montalbán no ve al _____ en
                  6.   7.

le túnel, pero _____ al monstruo. ¡Ah! ¡Llega el monstruo!
      8.

Según Montalbán, hay _____ alrededor de la boca del monstruo.
      9.

C. *Una conversación con el inspector Chávez. Aquí tenemos las preguntas. ¿Cuáles son las respuestas del inspector?*

   Preguntas:
   1. ¿El periodista salió del túnel?
   2. ¿Su hija se queda en la calle?
   3. ¿Cómo usted puede hablar con el periodista?
   4. ¿El periodista hace una grabación para la televisión?
   5. ¿Qué oye usted en el túnel?

   Respuestas:
   a. Tengo un walkie-talkie.
   b. Son los gritos del monstruo y de Montalbán.
   c. No, continúa avanzando.
   d. No, habla en directo.
   e. ¡Ah, no! Está aquí en el andén conmigo.

D. *Busque los contrarios:*
   1. primer   3. verdadero
   2. abrir   4. un grito terrible

E. *¡Le toca a usted!*
   1. Dé una descripción del monstruo. ¿Qué detalles adicionales tenemos ahora?
   2. Dibuje el monstruo.

La Décima Parte

Breve Lista de Vocabulario

tener suerte   —conocer la buena fortuna
(yo) hablé   —hablar (*pretérito*)

Jorge Montalbán tiene suerte: no está hecho de metal. El monstruo avanza rápidamente. Pasa por lado del periodista y de su camarógrafo, entonces continúa hacia la estación.

En este momento, unos soldados aparecen en el andén. Ven el monstruo que llega.

—¡Disparen! grita el comandante.

Los soldados disparan: *¡PUM! ¡PUM!* Los cartuchos tocan al monstruo, pero no hieren al animal enorme. En realidad, los cartuchos están hechos de metal. Son como unos caramelos para el monstruo.

El monstruo atraviesa la estación y desaparece por el túnel. De esta estación puede elegir otros cuatro túneles más. Los soldados no pueden hacer nada. Deben esperar una señal. Pasan diez minutos.

—¡Papá! dice Marisol. Ponte al teléfono móvil. Es tu jefe.

Chávez toma el teléfono.

—¡Diga! ¿qué pasa?

—Escucha, Chávez, dice el jefe, un empleado en la estación *Patriotismo* acaba de llamarme. El monstruo llegó allí. Ya hablé con el comandante. Voy a enviar a los soldados a la estación *Chilpancingo*.

—¡Espere, jefe! Miro mi mapa. Bueno, envíelos a *Centro Médico*. No hay conexiones entre *Patriotismo y Centro Médico*. Los soldados necesitan suficiente tiempo para llegar.

—Bueno, de acuerdo. Vete allí y busca al comandante Garza.

—¡Me voy inmediatemente, jefe!

Otra vez el inspector Chávez y su hija circulan por las calles de la ciudad. El tráfico es difícil, sobre todo porque no funciona el metro. Siguen la Avenida *Franklin* y luego *Baja California*. Por el camino ven muchos camiones del ejército. De repente suena el teléfono.

—¡Chávez! Habla tu jefe. ¡Este monstruo ya llega a la estación Chilpancingo! Continúa hacia *Centro Médico*.

—¡Gracias! Ahora pasamos a *Chilpancingo*, nosotros también.

—Muy bien. El comandante Garza me dice que los soldados preparan una sorpresa para el monstruo en *Centro Médico*.

Chávez ve que el camión se acerca a la Avenida Cuauhtémoc y *Centro Médico*. Le dice a Marisol de quedarse en el camión. En este momento muchos soldados salen de sus camiones.

Otra vez más suena el teléfono de Chávez.

—¡La policía nos notifica que hay otro monstruo en la estación Oceanía¡ dice el jefe con una voz nerviosa.

—¡Santo Cielo! grita Chávez. ¿Cuántos monstruos hay?

Marisol mira a su padre, sorprendida.

—¿De qué dirección viene, este monstruo?

—Yo no sé. Desde *Oceanía* hay tres túneles. ¡Ah, sí! La estación *Romero Rubio* acaba de notificarnos que el monstruo continúa en la línea B.

—Usted tiene que pararlo antes de *San Lázaro*. No hay conexiones antes de esta estación.

—Me dicen que el monstruo se para en *Flores Magon* y se come un vagón. Hay también dos trenes destruidos que bloquean los túneles detrás del monstruo. Enviamos a otros soldados a *San Lázaro*.

Delante del camión de Chávez, debajo de la Avenida de *Baja California*, en la estación *Centro Médico*, los soldados lanzan granadas cuando llega el monstruo. ¡Chic... BUM! ¡Chic... BUM! Grita el monstruo: ¡*U-AH*! ¡*U-AH*! Los soldados tiemblan. El monstruo ataca un tren de metro en la estación y come un vagón. Entonces, desaparece por el túnel. Las granadas no le hacen ninguna herida.

Chávez escucha la noticia con consternación.

—¡Diga a las estaciones *Etiopía*, *Lázaro Cardenas*, *Chabacano* y *Hospital General* que el monstruo puede estar por llegar! dice el inspector Chávez a su jefe.

ACTIVIDADES DE LA DÉCIMA PARTE

A. *¡Santo Cielo! ¿Cuántos monstruos hay? ¿Y cuántos ejercicios? Aquí, tenemos frases con huecos. Busque las palabras correctas.*

1. El monstruo _____ a Jorge Montalbán.

2. Los cartuchos _____ al monstruo.

3. Los cartuchos son como unos _____ para el monstruo.

4. El jefe pide la ayuda del _____.

5. La estación próxima donde pasa el monstruo después de *Tacubaya* es _____ .

6. Finalmente, los soldados esperan al monstruo en _____.

7. Un empleado en la estación *Oceanía* dice que hay _____.

8. En el metro, los soldados lanzan _____.

9. Los soldados _____ ninguna herida al monstruo.

10. Chávez aprende la noticia de lo que pasa en *Centro Médico* con _____.

B. *Busque el contrario:*

1. después de
2. agarrar una granada
3. diferente
4. aparecer
5. salir
6. fácil

C. *Busque ejemplos:*

1. las armas
2. los dulces

D. *Redacción guiada: Busque la palabra correcta.*

Un _____ en la estación *Patriotismo* llega por teléfono
          1.

para decir que hay _____. El inspector Chávez va a la
                          2.

estación de _____. El monstruo ya llega a la estación de
                   3

_____. ¡Ah, no! ¡Los soldados _____ parar
     4.   *5.*

al animal!

E. *Una entrevista con un soldado: Usted es el soldado de la estación Centro Médico. Conteste las preguntas de un periodista.   El periodista le habla por teléfono.*

1. ¿Dónde está usted en este momento?
2. ¿Tiene usted armas?
3. ¿Tiene usted miedo?
4. ¿Cómo está la estación en este momento?
5. Según el STCM, ¿cómo es el monstruo?
6. ¿Qué hace usted en la estación?
7. ¿Las granadas paran al monstruo?
8. Parece que un monstruo está en el metro. ¿Lo cree usted? ¿Por qué?

La Undécima Parte

Breve Lista de Vocabulario

una cita   —hora y lugar en que deciden encontrarse dos
                     personas (¡o monstruos!)
se ha parado   —*del verbo* pararse

—¿Dónde está el otro monstruo? pide el inspector Chávez a su jefe
por teléfono.

—Un momento, Chávez, busco informes....¡ah, muy bien! El otro
monstruo ataca un tren en la estación *San Lázaro*. Espera, por
favor, hablo con el comandante allí. ¡Ah! Los soldados no pueden
contra el monstruo. Éste continúa en el túnel.

—¿En qué túnel, jefe? ¿Lo sabe?

—Ya no... pero... ¡Sí! El monstruo está ahora en el túnel de la línea
uno. Va hacia la estación *Candelaria*. ¿Y tu monstruo, Chávez?
¿Qué hace?

Chávez mira alrededor. Ve a muchos soldados corriendo por todas
partes. Comprende que no pueden parar al monstruo.

—Ya sale de la estación, jefe. ¡Un soldado me dice que va por el túnel
de la línea tres! ¡Avise a la estación *Hospital General*!

¿Dos monstruos en el D.F.? ¡Increíble! ¡Increíble, pero es verdad!
Pues, ambos monstruos parecen acercarse uno al otro. ¿Tienen una
cita?

—Papá, dice Marisol, ¡mira! Después de *Hospital General* está *Niños
Héroes*, y la estación siguiente es *Balderas* y hay una conexión con
la línea uno. ¡Los monstruos pueden encontrarse!

—¡Caramba! dice Chávez mirando su mapa. ¡Tienes razón, Marisol!
Y hay dos otras conexiones después de la estacion *Balderas*.
¡Tenemos que parar a estos monstruos!

El inspector Chávez habla con el comandante. De repente los
soldados dejan *Centro Médico* y se van a *Balderas*.

El monstruo llega a *Balderas* antes que los soldados, atraviesa la estación y hace la conexión con la línea uno. Durante el mismo tiempo, el segundo monstruo pasa por la *Candelaria* y se para en el túnel antes de la estación *Merced*. El jefe recibe la noticia y llama a Chávez.

Chávez dice al comandante donde van a encontrarse los monstruos. En pocos minutos, todos los camiones de los soldados van hacia la estacion *Merced*. Chávez y Marisol van allí en el camión del STCM. Con su padre, Marisol baja al andén. Tiene un mapa de metro.

La estación es oscura. Hay otro corte eléctrico. Los focos de los soldados iluminan los andenes.

—¿Dónde está el segundo monstruo? pregunta Chávez a un teniente.

—Está por allí, en el túnel. Se ha parado.

—¿Qué hace?

—No sabemos nada. Está esperando quizá.

Ahora se oyen los gritos del segundo monstruo. *¡AH-U! ¡AH-U!* Responde el primer monstruo: *¡U-AH! ¡U-AH!* ¡Ah! El primer monstruo llega a la estación.

—¡No disparen! grita el teniente a sus soldados.

El animal gigantesco atraviesa la estación y entra en el túnel donde le espera el segundo monstruo. No es fácil distinguir al animal. Marisol ve sólo una forma grande como una lombriz enorme. Ahora, ambos monstruos están en el túnel oscuro cerca de la estación *Merced*.

Los soldados siguen a los monstruos. Tienen granadas y una bomba.

—Hay soldados que entran por el otro extremo del túnel, desde *Candelaria*, dice el teniente a Chávez.

—¿Qué van a hacer ustedes? pregunta Marisol.

—Bueno, hija, cerramos el túnel.

—Sin embargo, ¡es un túnel de metro! grita el inspector Chávez.

—Esta decisión no es mía, Señor Inspector. Sigo mis órdenes.

Entonces, los soldados preparan los explosivos en el túnel. Por allí, en la oscuridad, ven un gran agujero en el muro del túnel. Ven también que ambos monstruos entran por el agujero.

—¡Es muy hondo! dice uno de los soldados.

—¡Claro que sí! dice su compañero. ¡No puedo ver el fondo!

Sin esperar, los soldados ponen los explosivos alrededor del agujero y corren. Después de tres minutos, se oye un gran *¡BUM!* Cae el techo del túnel y montones de piedras bloquean el agujero. ¡Así se acaba el ataque de los monstruos!

—¿Y tú, Marisol, pregunta Chávez a su hija, llegas tarde para la escuela?

—Ee... Papá, dice Marisol, creo que van a disculparme. Debido a este ataque de monstruos, ¡voy a pasar el resto del día en mi cuarto!

Durante este tiempo, en el agujero de debajo del metro Úbac, el primer monstruo, habla a su eposa, Quiniche:

—¡A mí no me gusta nada la Ciudad de México! Hay mucha confusión, y lo más importante, es que los vagones tienen un mal sabor. El año próximo, vamos a ir a la playa como todo el mundo.

—Sí, querido mío, dice su esposa. Tienes razón. ¡Están locos, todos estos Mexicanos!

ACTIVIDADES DE LA UNDÉCIMA PARTE

A. *¡Llegamos al fin del cuento! Claro que usted lo entiende todo, ¿verdad? Aquí tenemos unas frases. Decida si son VERDADERAS o FALSAS. Si una frase es falsa, haga la corrección necesaria para que sea verdadera.*

1. Ambos monstruos están en el túnel de la línea trece.
2. El inspector Chávez piensa que los monstruos están en el mismo túnel por casualidad.
3. La estación *Niños Héroes* está entre *Candelaria* y *San Lázaro*.
4. El agujero no interesa a los monstruos porque no está hecho de metal.
5. La estación *Merced* está bien iluminada.   Ya no hay más cortes eléctricos.
6. Para iluminar la estación hay sólo velas.
7. Uno de los monstruos hace *U-U-U*, el otro hace *DI-DA-DI-DA*.
8. Entre les estaciones *Centro Médico* y *Candelaria* hay un agujero en el muro del túnel.
9. El agujero es tan pequeño que el monstruo no puede entrar.
10. Los soldados buscan unas piedras para cerrar el agujero.
11. Los monstruos visitan la Ciudad de México para buscar trabajo.
12. Como todo el mundo, a los monstruos les gusta mucho el Distrito Federal.
13. El año próximo, los monstruos van a visitar Chihuahua.

B. *Busque los contrarios:*

1. me gusta la ciudad
2. abrir
3. el año pasado
4. poco hondo

C. *¡Le toca a usted!*

1. Haga una lista de todos los personajes en nuestro cuento. ¿Cuántos son?

2. Para cada personaje, dé una descripción detallada.

3. Haga una lista de todas las estaciones del metro que aparecen en el cuento. Dibuje la trayectoria de los monstruos.

4. Haga de ese cuento una obra de teatro. Busque voluntarios para los diferentes papeles.

5. Imagínese como puede ser un monstruo o animal fantástico. Descríbalo.

Aventuras en Internet

¿Usted está conectado/conectada a Internet? ¿Tiene usted un ordenador... o unos ordenadores en la escuela? Aquí le presentamos a usted algunas direcciones interesantes de Internet... en español, ¡por supuesto!

1. *el metro de la ciudad de México:*
   http://www.metro.df.gob.mx/

2. *un mapa de metro:*
   http://en.wikipedia.org/wiki/Image:Metro_system.png

3. *el plan del Distrito Federal:*
   http://www.df.gob.mx/
   http://www.mexicocity.com.mx/
   http://www.mexicocity.com.mx/mapa1.html

* * *

Gran Lista de Vocabulario

A note on alphabetizing in Spanish:

The *Real Academia Española* decided that **ch** and **ll** should be treated as sequences of letters and not separate letters. In many dictionaries, all words beginning with **ch** will follow every listing for **c** in a separate section, and the same will be true of all words beginning with **ll**. Following the Academy's decision, we will have **ch** words come after **ce** and before **ci**. Words beginning with **ll** will come after **li** and before **lo**. No words in *Gran Lista de Vocabulario* begin with **ñ**, but words such as **añadir** will be listed after all words with **n** in second place.

The following list contains just about all the words used in the text, including forms of irregular verbs. For such verbs, you will find the *infinitive* listed and irregular forms in parentheses. For nouns, you will find the *plural* listed if it is irregular. Nouns ending in *–o* are masculine; those in *–a*, feminine, unless otherwise noted. Gender is given (*m.* or *f.*) for nouns in ending *–e* or a consonant. For *adjectives*, the feminine form is given in full if there is a significant spelling difference. Many of the listings contain several words together where the meaning of each separate word might not help you understand the phrase.

One caution: words are slippery things! We cannot give all the meanings of each word in all the ways it can be used. Instead, we have given the meaning appropriate to the way the word is used in this book.

Abbreviations

(m.) masculine.　　*(f.)* femimine.　　*(pl.)* plural　　*(m./f.)* masc. or fem.

a to; **a causa de** because of; **a lo largo de** along; **a menudo** often; **a propósito de** concerning, in the matter of; **a través** through; **a veces** sometimes
abajo (de) below
abeja bee
abertura opening
abierto/a open, opened
abrazar to embrace
abrir to open
(ser) **aburrido/a** to be boring
acabar (de) to finish, end
acera sidewalk

acercar (se) de to approach
acontecimiento happening, event
actual present, current
acuerdo agreement; **(estar) de acuerdo** to agree; **(ponerse) de acuerdo** to come to an agreement
adelante forward, ahead
ademán (*m.*) gesture
además moreover, besides
adentro inside
adivinar to guess
adonde (to) where
aduana customs, customhouse

aduanero/a customs officer
adversario adversary, opponent
afición (f.) fondness, liking
afilado/a sharp, pointed
(a) fuera outside
agarrar to grab, grasp
ágil agile
agitar (se) to be agitated, excited
agradable pleasant
agudo/a sharp
agujero hole
al to the; **al fin de** at the end of; **al final de** at the end of; **al lado de** at the side of
alboroto disturbance, riot
alejado/a distant, remote
alemán German
algo something
alguien someone
algún (alguno)/a some
allí there
alojar to lodge
alrededor de around
alto/a high, tall
amable kind, amiable
amanecer (m.) dawn
amarillento/a yellowish
amarillo/a yellow
ambiente (m.) atmosphere, environment
ambos/as both
amistoso/a friendly
anaranjado/a orange colored
ancho/a wide, broad
andar to go, walk
andén (m.) railroad platform
anillo ring
antes de before
anticuado/a old-fashioned
antiguo/a old, ancient
anuncio announcement
añadir to add
año year
año luz light year
aparato apparatus
aparcado/a parked
aparecer to appear
apareció appeared
aparente apparent
apariencia appearance
apartado/a remote
apartar (se) to move away

apáticamente apathetically
apenas hardly, scarcely
apreciar(se) to appreciate
aprender to learn
aprobar to approve
apropriado/a appropriate, fitting
aproximadamente approximately
apuntar to point at, aim
aquí here
árbol (arboles) (m.) tree
arbolito little tree
arbusto bush
arma (de fuego) weapon, firearm
arreglar(se) to settle, arrange
arreglo arrangement
arrodillar(se) to kneel
arrollado wrapped up
arroyo stream, brook
así thus, so
asiento seat; **asiento delantero** front seat; **asiento trasero** back seat
asombroso amazing
asunto affair, matter
asustar to scare
atacante (m.) attacker
atacar to attack; **atacó** attacked
ataque (m.) an attack
ataúd casket, coffin
atemorizado/a frightened
aterrizar to land
aterrorizado/a terrified
aterrorizar to terrify; **aterrorizó** terrified
atónito/a astounded
atraer to attract
atrapar to trap
atrás back, backward, behind
atravesado/a crossed, pierced
atravesar (atraviesa) to cross
atrever to dare
aullar to howl
aullido howl, howling
autopista highway, turnpike
avance (m.) advancement
avanzar to advance
ave (m.) bird
avenida avenue
avión airplane
avisar to advise, inform
ayuda help, aid

ayudar to help
azul blue
azulejo glazed tile

bajar to go down, get off (vehicle)
bajo (de) under
bajo/a low, short
balcón balcony
banderita small flag, marker
baño bath, bathroom
barato/a inexpensive, cheap
barbaridad barbarism; ¡Qué barbaridad! How awful!
barra bar
barranco gorge, ravine
barrio neighborhood
bastante enough
basura rubbish
batalla battle
baya berry
beber to drink
beso a kiss
bestia beast
bichito small bug, animal
bicho bug, animal
bloquear to blocade, block
boca mouth
boleto ticket
bolígrafo (ballpoint) pen
bolsillo purse, pocketbook
bomba bomb, pump
bombero firefighter
bonito/a pretty, nice
borde border, edge; al borde de at the edge of
bosque (m.) woods
botella bottle
bramando bellowing, roaring
bramar to bellow, roar
bramido a roar
bravo/a brave
brazo arm
brillante bright, shining
brillar to shine
bromear to joke
bruja witch
brujería witchcraft
bufón clown
búho owl

burbuja bubble
buscar to look for

cabaña cabin
cabeza head
cabina (telefónica) telephone booth
cada each, every
caer (se) to fall; Le cae bien... He likes (her)
café (m.) coffee
caja box
caliente hot
callar (se) to be silent
calle (f.) street
calmar (se) to calm down
calor (m.) heat
calzada highway
cama bed
cámara camera
cambiar (se) to change; cambiar de sitio to change places
caminando walking along
caminar to walk
camino road, way
camión (m.) truck
camisa shirt
campamento encampment, camp
campesino peasant
campo field
cansado/a tired
cantar to sing
cantidad (f.) quantity
cantina lunchroom, (small) restaurant
canto song
cañón (m.) canyon
capa cape
caracol (m.) snail
¡caramba! My word!
cárcel (f.) jail, prison
carga load
cargado/a loaded, charged (with)
cariño affection
carne (m.) meat
caro/a dear
carreta cart
carretera road, highway
carril (m.) rail
carta letter
cartón (m.) cardboard

cartucho cartridge
casa house
casi almost, nearly
casilla hut, shack
casillero block in crossword puzzle
caso case; **hacer caso a** to pay attention to
causa cause; **a causa de** because of
causar to cause
cazador (*m.*) hunter
cazar to hunt; **ir de caza** to go hunting
cementerio cemetery
centenar (*m.*) hundred
centésima hundredth
centro center, headquarters
cerca (de) near; **de cerca** nearby
cercano/a neighboring, close by
cerrado closed
cerrar (cierra) to close
cerro hill
cerrojo bolt (lock)
césped (*m.*) lawn
chaqueta jacket
charlar to chat
chilango inhabitant of Mexico City
chillar to shriek
chiminea chimney
chirrido creaking, squeak
chocar to clink (against)
chófer (*m.*) driver
cielo sky
ciencia science
científico scientist
cien (to) one hundred ; **a cien por cien** one hundred percent; **cientos de** hundreds of
ciertamente certainly
cierto/a certain, sure
cigarra locust (insect)
cine (*m.*) movie theater
cinta ribbon, tape
circundar to go around
cita date, appointment
ciudad (*f.*) city
civilizado/a civilized
claramente clearly, obviously
claro/a clear; **claro que...** obviously...
claxón (*m.*) horn
cobrador (*m.*) retriever; **perro cobrador** Labrador retriever
cobre (*m.*) copper

coche (*m.*) car, auto
cocina kitchen
cola tail
coleccionar to collect
colega (*m.*) colleague
colgar to hang up (telephone)
colina hill
collar (*m.*) necklace
comandante commander
comedor (*m.*) dining room
comején (*m.*) termite
comer to eat
comida food
como like, as
cómo how
compañero companion, partner
completar to complete
complicado/a complicated
comprar to buy
comprender to understand
comprobar (comprueba) to check, verify
compuesto/a compound
común common, ordinary
conducir to drive
conejillo de Indias Guinea pig
conexión (*f.*) interchange point (subway)
confundido/a confused
conmigo with me
conmoción (*f.*) commotion
construir (construye) to construct
contar (cuenta) to recount
contener (contiene) to contain
contento/a happy
contestar to answer
contigo with you
continuar (continúa) to continue
contra against
contrario contrary, opposite
controlar to check
convenir to be suitable
copiar (copía) to copy
corbata necktie
correr to run
corriente current; **estar al corriente** to be up to date
cortar to cut
corte (*m.*) cutting; **corte eléctrico** power outage
cortesía politeness
corto/a short
cosa thing

costa coast
costar (cuesta) to cost
costumbre (f.) custom
crecer to grow, increase
creer to create
crónica (written) report
crucigrama (m.) crossword
cruzar to cross
cuaderno notebook; **cuaderno de cuadriculas** graph paper notebook
cuadrado/a square
cuadrúpedo/a quadruped
cuál (es) which one(s)
cualquier(o)/a whichever, whoever
cuando, cuándo when
cuánto/a(s) how much/many; **en cuanto a** as for
cuarto/a fourth
cuarto room; **cuarto de dormir** bedroom; **cuarto de estar** livingroom
cubierto/a (por) covered (with); **poner los cubiertos** to set the table
cubo cube; **cubo de la basura** trashcan
cubrir to cover
cucaracha cockroach
cuchillo knife
cuchara spoon
cuello neck
cuenta account; **darse cuenta de** to realize
cuento story, tale
cuerno (animal) horn
cuerpo body, group (corps)
cultivar (se) to grow, be cultivated
cumpleaños birthday
cuñado brother-in-law
curiosidad (f.) curiosity
curioso/a curious

daño damage, harm; **hacer daño a** to harm
dar (dé, dame, doy) to give; **dar marcha atrás** to move backward; **dar unos pasos** to take a few steps; **darse cuenta de** to realize
dato a piece of information, datum
debajo (de) below, under
debido (a) owing to, due to
deber to have to, ought

decena (f.) (round) ten
decidir to decide
decir (digo, dice, digas, di) to say, tell
dedo finger
defensor (m.) defender
dejar to leave; **dejar caer** to drop (let fall)
delante (de) in front of
delantero/a front
delegación (Mex.) district (of city)
demasiado/a too, too much
dentro (de) inside (of)
derecho (m.) right, rights
derecho/a right (hand); **a la derecha** on the right (side)
derretir (se) to thaw, melt
desagradable disagreeable
desaparecer to disappear
desaparecido/a missing
desaparición disappearance
desconcertado/a bewildered
desconocido/a unknown, unfamiliar
describir to describe
descubrir to discover
desde since, from
desembarque (m.) unloading
desorden (m.) disorder
despacio slow
desplazar (se) to displace, transport; **se desplazaba** to move
después after
destruido/a destroyed
destruir (destruye, destruyó) to destroy
desviar (se) (se desvía, me desvié) to turn aside
detalle (m.) detail
detener to detain, stop
detenido (por) stopped by
detrás de behind
devolver to return, give back
devorado/a devoured
dibujar to draw, sketch
dibujo drawing, sketch
diente (m.) tooth
diferir (difiere) to defer, postpone
difícil difficult
dificultad difficulty
difunto/a deceased
dinero money
dirección administration, management
directo direct; **en directo** live

dirigente (*m.*) leader, head
dirigir to direct, manage
disculpar (se) to apologize
discutir to discuss
disparar to fire (a weapon)
disponer (disponga) to dispose, arrange
distancia distance; **mando a distancia** remote control
distinguir to distinguish
distrito district; **El Distrito** Federal Mexico City
divertido/a amusing, funny
divertir (se) (divierte) to have a good time
doler (duele) to ache, pain
dolor (*m.*) ache, pain
donde (dónde) where
dormir (duerme) to sleep
duda doubt; **sin duda** doubtlessly
dudar to doubt
dulce (*m.*) candy
durante during
durísimo/a really hard

echado/a stretched out
echar (se) to throw; **echar un vistazo** to glance
edificio building
ee uh...
ejército army
elegir (elija) to choose
embalaje (*m.*) wrapping, packing
embarcar to ship
embargo embargo; **sin embargo** nevertheless
emisor (*m.*) transmitter; **emisor portátil** walkie-talkie
emocionante exciting
empezar (a) (empiezo) to begin (to)
empleado employee
emplear (emplee) to employ, use
empresa enterprise, company
empujar to push
encargado/a (de) charged with, assigned with
encargar (se) (de) to take charge, be in charge
encender (enciende) to light, kindle
(por) encima (de) above, over

encina evergreen oak tree
encontrar (se) to meet
enfrente (de) in front (of), opposite
engaño deception, fraud
enojado/a angry
enojar (se) to get angry
enseñar to teach
entender (entiende) to understand
entero/a entire, whole
enterrado/a buried
enterrar to bury
entonces at that time, then
entre between, among
entrevista interview
entrevistar (se) to interview
enviado/a (por) sent (by)
enviar (envía) to send
envolver to wrap
equipo team
errante wandering;
escalera stairs; **escaleras eléctricas** escalator
escalofrío chill, shiver
escarabajo beetle
escena scene
esconder to hide, conceal
escondido/a hidden
escoger (escoja) to choose
escritorio desk
escuchar to listen,
esfuerzo effort, exertion
espacio space
espacioso/a spacious
espantoso/a frightening
esparcir(se) to spread
esparcido/a scattered
espectador (*m.*) spectator
espejo mirror
esperanza hope
esperar to wait for
espeso/a thick
esposo/a spouse
espuma foam
estaban (< estar) was
estación (*f.*) station
estado state
estanque (*m.*) pond
este (*m.*) east
estrella star
estupefacción (*f.*) stupefaction

estupefacto/a stupefied
estupendo/a stupendous
etiqueta tag, label
evitar to avoid
excitado/a excited
exigir to require
explicación (*f.*) explanation
explicar (explique) to explain
explorador explorer
éxito success
exponer (una crónica) to write an article
extraño/a strange, odd
extraterrestre extraterrestrial
extremo end; extreme

fácil easy
faltar to lack
fantasía fantasy
fantástico/a fantastic
fascinar to fascinate
fecha (calendar) date
feliz happy
feo/a ugly
feroz ferocious, fierce
ferrocarril (*m.*) railroad
fijamente fixedly; **mirar fijamente** to stare
fin end; **fin de semana** weekend; **al fin de** at the end of; **por fin** at last
final end; **al final de** at the end of
finalmente finally
física physics
foco spotlight
fondo bottom, background; **al fondo de** at the far end of
forma form, shape; **de forma (redonda)** round
en forma de in (the) form of
formal formal, serious
formalidad formality
francamente frankly, candidly
frase (*f.*) sentence
frigorífico refrigerator
frío/a cold
frontera frontier, border
fuego fire; **arma de fuego** (*f.*) firearm
fuerte (*m.*) fortress
fuerte strong
funcionar to function, run

funcionario civil servant
furia fury
furioso/a furious

gallina hen
ganar to win
garra claw
gastar to spend, waste
gentilmente politely, elegantly
gesto gesture; **hacer un gesto** to make a gesture
gigante giant, huge
gigantesco/a gigantic
gobierno government
golpe (*m.*) blow, stroke, hit
golpear to strike, hit
gordísimo/a very fat, whopping
gordo/a plump, fat, big
gozar (de) to enjoy
grabación recording
grado degree
granada grenade
grave important, serious
grillo cricket
gritar to shout
grito a shout
gruñir to growl
guerra war
guiado/a guided

habitación a room
habitante inhabitant
hacer to make, do; **hacer juegos** to do tricks; **hacer progreso** to make progress
hacia toward
hambre (*f.*) hunger
hasta until, as far as
hechizo spell, charm
hecho (de) made of
helecho fern
herida a wound
herido/a wounded
herir (hiere) to wound, injure
hermoso/a beautiful
hierba grass
hierro iron
hocico snout
hombre man; **hombre lobo** werewolf

hombro shoulder
hondo deep
hormiga ant
hormiguero anthill
hueco blank space, opening
huelga (labor) strike
huella footprint
huerto garden
humedad (*f.*) humidity
humo smoke

idioma (*m.*) language
iluminado/a (por) lit(by)
iluminar to light
imagen image, picture
impedir to hinder, prevent
impensable unthinkable
impermeable raincoat
importar to concern
impresionar to impress
incendio fire
incierto/a uncertain
incluso/a including
incómodo inconvenient
inconveniente (*m.*) disadvantage
increíblemente incredibly
indicar to indicate
indicio clue, sign
infeliz unhappy
inferior lower; **piso inferior** ground
  floor
informe (*m.*) piece of information
inmóvil not moving, immobile
inmovilizado/a immobilized
inofensivo/a harmless
inquieto/a anxious, worried
inscribir to inscribe
insectil pertaining to insects
insólito/a unusual
instalar (se) (en) to settle (in)
interrumpir to interrupt
ira anger
irritado/a irritated

jardín (*m.*) garden
jefe (*m.*) chief, boss
joven young person
juego game, trick

jugar to play
junto/a (a) joined, together
jurásico/a Jurassic

labio lip
lado side; **al lado de** at the side of
lagarto lizard
lanzar to throw
largo long; **a lo largo de** along
lástima pity
lavabo washstand
leer to read
legumbres (*f.*pl.) vegetables
lejano/a distant
lejos far; **de lejos** from a distance
lentamente slowly
lente (*f.*) lense
leña firewood
levantar (se) to rise, get up
leyenda legend
liberar (se) to free (oneself)
libertad freedom
liebre (*f.*) hare
ligero/a light (weight)
limpio/a clean
lindo/a pretty
línea (subway) line
listo/a ready
llegada arrival
llegar to arrive
lleno/a full
llenar to fill
llevar to carry, bring
llorar to cry
llover (llueve) to rain
lobo wolf
loco/a crazy
lograr to get, obtain
lombriz (*f.*) worm
loquito/a kind of crazy
luchar to fight
luego next, then
lugar (*m.*) place, site, spot
lujo luxury
luna moon
lupa magnifying glass
luz (*f.*) light

maleta suitcase, valise
mal(o)/a bad, evil
maloliente foul-smelling
mancha spot, stain
mando command, control; **por mando a distancia** by remote control
manejar to drive (a car)
manera manner, way
manifestar (manifiesta) to protest, demonstrate
manotear (se) to steal (Mex.)
manta blanket
mantener to maintain
manzana apple
máquina machine; **máquina del tiempo** time machine
maquinista (*m.*) (train) engineer
maravilloso/a wonderful
marcar to mark
marcha running, operation; **a toda marcha** at full speed
marcha atrás reverse
marchar to go (away)
mariposa butterfly
mariquita ladybird
marmita kettle
masa mass
matar to kill
materia matter, material
mayor greater
mayoría majority
mecánicamente mechanically
mecánico/a mechanical
medalla medal
(y) media half-past; **a medias** halfway
médico physician
medianoche (*f.*) midnight
medio/a middle
mediodía (*m.*) noon
mejilla cheek
mejor better
melocotón peach
membrana membrane
menos less; **al menos** at least
mensaje (*m.*) message
menta mint
menudo small; **a menudo** often
mes (*m.*) month
método method
metro 1. subway; 2. meter

mezqino/a poor, wretched
miedo fear
miembro limb
mientras (que) while
milagro miracle
millares thousands
minero/a mining
mínimo/a minimal
mirada glance
mirar to look at
misionero (*m.*) missionary
mismo/a same
mochila knapsack
moda fashion, mode
modo manner, mode; **de ningún modo** in no way
molestado/a disturbed
molestar to bother
monstruo monster
monte (*m.*) mountain
moreno/a dark-brown
mortalmente fatally
mosca a fly
mostrador (*m.*) counter
mostrar (se) (muestra) to show (oneself)
mover (se) (mueve) to move
movimiento movement
muchedumbre (*f.*) crowd
mueble (*m.*) furniture
muerte death
muerto/a dead
mundo world; **todo el mundo** everyone
muñeca doll
muro wall

nacimiento birth
nada nothing
nadie no one
narcotráfico drug traffic
nariz (*f.*) nose
nébeda catnip
necesitar to need
nervioso/a nervous
nevera refrigerator
ni (ni... ni) neither...nor
nieve (*f.*) snow
ningún(o)/ninguna no, not any
nocturno/a nocturnal
nombrar to name

nombre (*m.*) a name
norte (*m.*) north
notar to note
noticia announcement
numérico/a digital
nunca never

o or
objetivo (de una cámara) lense
obligatorio/a obligatory, required
obra (de teatro) work, play
obrero worker
obtener obtain
occidental western
ocupado/a busy
ocupar (se) to be busy, pay attention to
ocurir to occur
oeste (*m.*) west
ofrecer (ofrezca) to offer
oír (oye) to hear
ojo eye
oler (huele) to smell
olor (*m.*) odor, smell
olvidar (se) to forget
opción option, choice
operador (camera) operator, cameraman
orden order; **en orden** in order, orderly
ordenador (*m.*) computer
oreja ear
orilla edge, bank
oscuridad darkness
oscuro/a dark
otro/a other
oveja sheep

país (*m.*) land, country
pájaro bird
pala shovel
palabra word
palmera palm tree
paloma dove
pan (*m.*) bread
pantalón (*m.*) pair of pants
pantalla screen
papel paper; role
paquete (*m.*) package
parar (se) to stop
parecer to seem, appear

pariente/-ta (*m./f.*) relative
parque (*m.*) park
parte part, share; **por todas partes**
  everywhere
partir to leave
patrón owner
pasaje (*m.*) passage
pasajero passenger
pasar to pass, spend time
paseo promenade, avenue
pasillo hallway
paso a step; **dar un paso** to take a step
pastel (*m.*) cake
pastor shepherd; **pastor alemán**
  German shepherd (dog)
pata duck
patrulla patrol
payaso clown
peatón (*m.*) pedestrian
pedazo piece
pedir (pide) to request
peinado hairdo
película film
peligro danger
peligroso/a dangerous
pelo hair
pensamiento thought
pensar (piensa) to think
perder to lose
perdido/a lost
periódico newspaper
periodista (*m.*) reporter
pero but, yet
perro dog
personaje (*m.*) person, character
pertenecer (a) to belong to
pertineciente pertaining
pesado/a heavy
pesadamente heavily
pesar to weigh; **a pesar de** in spite of
pez (*m.*) fish
pie foot; **de pie** standing
piedra rock
piel (*f.*) skin
pierna leg
pila battery
pino pine tree
pío peeping
piso floor
pista runway

pizarra chalkboard
plata silver
plátano banana
plato plate
playa beach
población town
pobre poor
poder (puede) to be able
policía (*f.*) (la policía) police
policía (*m.*) (un policía) police officer
polvo dust
pomo (de puerta) doorknob
poner to put; **ponerse de acuerdo** to
  agree; **poner en marcha** to start up
portátil portable
posibilidad (*f.*) possibility
predispuesto/a predisposed
preferir (prefiero) to prefer
preocupar (se) to be worried,
  preoccupied
prestar to lend, loan; **prestar atención
  (a)** to pay attention (to)
previsto/a foreseen, anticipated
primer(o)/a first
primo/a cousin
principal main, chief
prisa hurry; **de prisa** quickly; **tener
  prisa (en)** to be in a hurry (to)
procedente coming from
profundamente deeply
profundidad (*f.*) depth
profundo/a deep
prolongación extension
propio/a suitable, own
proponer to propose
propósito purpose; **a propósito de** in
  the manner of
proteger (se) to protect
próximo/a next, near
proyecto project
proyector (*m.*) projector
prueba proof
pueblo town
puerto harbor
pues then
puesta (del sol) sunset
puesto post, position
pulsar to pulse
punta point; **hora punta** rush hour

punto de vista point of view
puntual punctual

quedar (se) to remain, stay
quejar (se) to complain
quemar to burn, set on fire
querer (quiere) to wish, want
querido/a dear
quién (quiénes) who
quizá perhaps, maybe

rabia rabies
rama branch, bough
ramita small branch
rarísimo/a really odd
raro/a odd, strange, rare
rasgado/a torn, ripped
ratón (*m.*) mouse
raza race, breed
razón reason, right; **tener razón** to be
  right
realmente really, truly
recámara bedroom (Mex.)
rechazar to refuse, reject
recibir to receive
recipiente (*m.*) container
recoger to pick up, collect
reconocimiento reconnaissance
recontar (recuenta) to tell (a story).
  recount
recordar (se) to remember
recorrido/a gone through, covered
rectificar (rectifique) to rectify, correct
red (*f.*) net, network
redacción writing, composition
redondo/a round
reemplazar (reemplace) to replace
reflejar to reflect, reveal
regalo gift
regla a rule
regresar to return
reír (ríe) to laugh
rellenar to fill
reloj (*m.*) watch, clock
repente sudden movement; **de repente**
  suddenly
resistir to resist

resonar (resuena) to echo, to sound
respecto reference; **con respecto a** with respect to
respirar to breathe
respuesta an answer
restos (*m. pl.*) remains
retraso delay; **llegar con retraso** to arrive late
retroceder to go back to
revelar (se) to reveal
revuelto/a mixed up, upside down
rincón (*m.*) corner
riquísimo/a (<rico/a) really rich
rizado/a curled, curly
rodar (rueda) to roll
rodeado/a surrounded (by)
rodilla knee; **estar de rodillas** to be kneeling
ropa clothing
rubio/a blond
ruido noise

saber to know (something)
sabio wise (man), scientist
sabor (*m.*) taste, flavor
sacar to pull out, take out
saco bag, sack; **saco de dormir** sleeping bag
sacudida shock
sala living room
salchicha sausage
salida exit
salir (salgo) to go out
saltamontes (*m.*) grasshopper
saltar to jump
salvaje wild, uncultivated
sapo toad
satisfecho/a satisfied
según according to
seguida followed; **en seguida** at once, immediately
seguir (sigue) to follow
seguridad (*f.*) security
sellar to stamp
sello seal, stamp
selva forest
semáforo traffic light
semejante similar
sencillo/a simple, plain
sendero path

(estar) sentado/a (to be) seated
sentar (se) (se sienta) to sit down
sentir (siente) to feel, sense
seña sign, signal
señal (*f.*) sign, signal
señalar to signal, point out
ser (*m.*) **(> seres)** a being
serio/a serious; **en serio** seriously
serpiente snake
servilleta napkin
servir (sirve) to serve
siglo century
significar to mean, signify
siguiente following
silbante hissing
silbar to hiss
silla chair
sillón armchair
simpático/a nice, pleasant
sin without; **sin embargo** nevertheless
singular special, unusual
sitio place, spot
situar (sitúa) to locate
sobre on, over, about; **sobre todo** above all
sobrenatural supernatural
sobrevivir to survive
sobrino/a nephew
soldado soldier
sombra shadow
sonido sound
sonreír (sonrío) to smile
sonar (suena) to sound
soñar (sueña) to dream
sorprendido/a surprised
sorpresa surprise
sótano basement
subir to cilmb on, get in, go up
súbito suddenly
suceder to succeed
sucio/a dirty
suelo ground, soil
sueño dream
suerte (*f.*) fortune, luck
sufrir to suffer
sugerir (sugiere) to suggest
superior upper; **piso superior** upstairs
supuesto assumed; **por supuesto** of course
suroeste southeast

tal such a; **un tal** a certain...
talla stature, size; **de talla media** of medium size
tamaño size
tampoco neither
tan so
tanto/a so much/many
tapa cover
tarde (*f.*) afternoon, late
tarro jar
taza cup
techo ceiling, roof
telespectador (*m.*) TV spectator
televisor (*m.*) TV set
temblar (tiembla) to tremble, shake
temblor (*m.*) shaking, trembling
temprano early
tendero shopkeeper
tener (tiene) to have, hold; **tener hambre** to be hungry; **tener miedo** to be afraid
tener prisa to be in a hurry
tener que... to have to; **tener razón** to be right
teniente (*m.*) lieutenant
terminar to end
terrario terrarium
tiempo time, weather
tienda store, shop
tintineo clinking, jingling
tocador (*m.*) dressing table
tocante a pertaining to
tocar to touch; **le toca a usted** it's your turn
todavía still, yet
tontería foolishness
tonto/a stupid
traer to bring, pull
traje (*m.*) suit, clothes
trampa trap
tratamiento treatment
través bend, turn; **a través (de)** through, across
triste sad
tropezar (tropieza) to strike, stumble into
tumbar (se) to fall

ubicar to be located
último/a last
ululato howl, hoot
unidad (*f.*) unit

vaca cow
vacilante hesitating
vacilar to hesitate
vagón (*m.*) (train) coach
valer to be worth
valiente valiant, brave
valle (*m.*) valley
variedad (*f.*) variety
vario/a various, varied
vecino/a neighbor(ing)
vela candle
vender to sell
venir (viene) to come
ventaja advantage
ventana window
ver (yo veo, él ve) to see; **ver(se)** to appear, be seen
verano summer
verdad (*f.*) truth
de verdad really
verdadero/a true
verificar to check out, inspect
verosímil true-to-life, probable
vez (*f.*) **(veces)** time, occasion; **a veces** sometimes; **otra vez** another time; **una vez más** one more time
vía rail, track, road
viaducto elevated road
viajar to travel
viaje (*m.*) voyage
viajero traveler
vida life
vidrio glass
viejo/a old
vinagre (*m.*) vinegar
vino wine
vista view; **punto de vista** point of view
vistazo look, glance
vistiendo (<vestir) wearing
víveres (*m. pl.*) supplies, provisions
vivir to live
vivo/a living, lively

volar (vuela) to fly
voltear to turn over
voltio volt
volver (vuelve) to turn, come back
voz (*f.*) **(voces)** voice
vuelo (airplane) flight
vuelta turn; **darse la vuelta** to do
  somersaults

zapato shoe
zumbar to buzz
zumbido buzzing